藤田博康
Hiroyasu Fujita

非行・子ども・家族との心理臨床

援助的な臨床実践を目指して

誠信書房

はじめに

非行臨床はわれわれ人間の「悪」を扱う心理臨床である。

その援助対象は、法や規範により「悪」とみなされる行為をなした子どもたちである。

ゆえに、「悪」の存在が非行臨床実践の必要条件であり、「悪」の排除、矯正、治療が暗黙の前提とされる。

一方で、心理臨床とは、クライエントの生きざまを尊重して、心の全体性や主体性の回復、その個性化を見据えたものである。それは決して生やさしいものでなく、そのためには専門家としての修練と己への欺瞞のない厳しさが必要である。

少なくとも、私が学び、身につけようとしてきた心理臨床とは、そのようなものである。そのような営みこそがまさに援助的な心理臨床にほかならないと信じてきた。

私は心理臨床家としての第一歩を非行臨床の道に歩んだ。

しかし、そこでは「悪」の排除や矯正が暗黙の前提とされる。

子どもたち一人ひとりの生きざまの尊重や個性化といった観点は、どうしても後回しにされ、私の心理臨床家としてのアイデンティティーは早々に揺らいだ。

その後、私は十数年を非行臨床実践に費やした。それは、私の信ずるところの心理臨床が非行領域においても体現されうる可能性を探りながら、一方で、非行臨床の特殊性を踏まえた心理臨床のあり方について模索する日々であった。言い換えるならば、非行領域における心理臨床というものがいかに成り立ち、いかに援助的でありうるのかについて迷い自問自答してきた道程であった。

その過程において、深淵なテーマが行く手に立ちはだかった。「悪」を為してしまう子どもたちへの心理臨床的援助とはいかなるものなのかをつかむためには、「悪」とはいったい何なのか、子どもたちの一人ひとりの生きざまの尊重とはいったい何なのか、幸せとは、不幸とはいったい何なのか、そして、援助とは、心理臨床とはいったいどのような営みであるのかといった根源的なテーマについて、単に観念的なレベルではなく、臨床実践に即した体験的なレベルで、その都度その都度、自分なりの回答を見出してゆくことが必要であった。

本書は、以上のような背景のもとに、非行を犯した子どもたち、あるいはその家族との心理臨床について述べるものである。その際、子どもたち一人ひとりの生きざまの尊重と個性化を目指す心理臨床というものがいかに非行臨床においても体現されうるのか、また、仮に非行臨床に特異性があるとするならば、それを踏まえた心理臨床はいかにあるべきなのか、端的に言えば、援助的な非行臨床実践とはいかなるものかということが強く意識されている。

以上の背景と目的意識を踏まえ、本書は以下の通りに構成される。

第1章

まず、第1章においては、非行臨床の前提である「悪」の論考を通じて、非行心理臨床の特質が論じられる。「悪」を扱う非行臨床は本質的にパラドクスを内包し、たとえ専門家といえどもそのパラドクスを正面から見据えることは困難であり、そのため、過度に科学的実証的な立場に偏向したり、逆に同情的センチメンタリズムに陥りがちであったりする。

また、「悪」は一般に排除され矯正されるべきものとされるが、実は、人間性や自然性に深く根ざすものであり、生命力や創造性の源でもある。したがって、心理臨床家としては、「悪」を単純に排除せず、人間の生きざまに全体的かつ有機的に組み込んだ個性化や自己実現というものを考えざるを得ない。それは、ともすれば破壊性を伴う厳しく困難なものでもあるが、しかし、そのような意味での人間の全体性の回復や個性化を目指すことこそが心理臨床本来のありようである。

そのためには当然、そこに立ち会う者のすぐれて共感的なありようや深いコミットメントが不可欠となる。したがって、心理臨床家には、「悪」や「苦しみ」や「不幸」などといった人間存在における否定的な側面を、われわれの生きるこの世の中に欺瞞なく位置づけようとする真摯な態度や心がまえが求められている。

第2章

第2章では「援助的な心理臨床実践とはいかなるものか」という本書に通底するテーマを踏まえて、非行研究や非行臨床理論の歴史的変遷が体系的に整理される。その理由は次のとおりである。

まず第一に、非行研究・非行臨床は社会や共同体の維持にとって必要不可欠なものであるがゆえ、さまざまな人格理論や心理療法理論が活用、援用されてきた領域である。また、非行研究・非行臨床が必要不可欠なるものであったがゆえに、逆にそれらが一般の心理臨床の発展に及ぼしてきた影響も少なくない。つまり、非行臨床は、社会からの絶対的な要請に基づいた心理臨床実践であり、だからこそ、さまざまな心理臨床理論や心理臨床スキルを洗練させてきたといえ、その歴史的変遷を振り返っておく必要がある。

第二に、第1章で述べた、「悪」を扱う心理臨床に必然的に伴うパラドクスを、研究者や臨床家がいかに踏まえているか、あるいは踏まえていないのかといった観点から、これまでの非行研究や非行臨床理論を改めてとらえなおしておきたいと考えたからである。

第三に、刑事政策的、社会的、人間関係的に定義され、しかもそこに個人の性向、心理、発達、環境などの諸影響が反映された非行に関する研究は、当然、学際的であらざるを得ず、過去、刑事政策的側面、科学的実証的側面、発達的側面、社会・家族的側面、治療教育・心理療法的側面などの多次元的観点から、それぞれに研究成果や実践報告などが論じられている。それらを体系的に把握することで、臨床実践に役立つ統合的アプローチへの方向性を見据えたいという意図によるものである。

第3章

本章は、一般の心理臨床と非行臨床の本質は決して異なるものではなく、そこに立ち会う心理臨床家の真に共感的なありようや深いコミットメントに支えられた治療援助的二者関係を通して、子どもたちが非行の背景となる不幸を抱えたり、乗り越えたりしながら、みずからの人生に責任をもって生きてゆかんとする姿勢をつかんでゆくといった視座からの事例研究である。また、実際問題として、そのようなセラピストの積極的なコミットメントや、「深い」治療援助的な二者関係の実現はたやすいことでなく、セラピスト側の相当な精神的労力を要するものであり、その原動力はいかなるものに由来するのかということについても併せて検討される。

その目的に即して、一般の心理臨床と非行心理臨床の本質的共通性を強く意識することで心理臨床家としてのアイデンティティーを懸命に確立しようとしていた筆者の初心時の事例が取り上げられる。初心者ゆえの熱意や思い入れとともに、限界や危険性も少なくない援助姿勢を改めて振り返ることによって、以上の問題が論考される。

第4章

第4章では、非行少年それぞれの「悩み方」のありように応じた統合的アプローチモデルの構築を試みる。これは、筆者が現場での臨床実践を重ねるにつれ、心理臨床とは学派や理論が先に立つものでは決してなく、たとえどんなかたちであれ、セラピストとの出会いがクライエントの役に立つ、生きるうえでの糧となる、そのような営みであり、どんな手法であれクライエントに益をもたらしたという事実そのものが、職業としての心理臨床を成り立たせるはずであると確信するようになっていったことがその動機である。

その意味で、本章では、第3章に取り上げたような深い共感的な二者関係の実現にばかりにこだわることなく、個々の非行少年の特性に応じた援助の方向性や効果的な援助手法が具体的に検討され、さらに、それらを総合して、複数の心理臨床理論や手法が組み込まれた統合的アプローチが提唱される。

第5章

第5章では、非行心理臨床における家族療法的接近の意義が論じられる。ここでは、家族療法的アプローチの参照枠として、「文脈療法」(Contextual Therapy) を取り上げた。文脈療法は、多くの家族療法の基盤となっている中立的なシステム論に偏向することなく、共感的個人療法とシステム療法の架け橋的な立場から、この世に厳然と存在する不幸や不平等、つまり「悪」や「倫理」を臨床実践に組み込もうとした数少ない理論である。

この文脈療法を参照枠として、個人心理療法において体現されるような共感的なありようをセラピストの基本姿勢としながらも、そこに家族療法やシステム療法の知見やスキルを統合的に組み込むことによってより精緻で豊かな非行理解や援助が実現されうる可能性を示すとともに、人がさまざまな「受苦」と「与苦」の絡み合いの中で生きる存在であることを踏まえた心理臨床のありようや、「悪」を通じての個性化というパラドキシカルなテーマをどう心理臨床実践に組み込むことができるのかといったことが併せて論考される。

第6章

最終章である本章では、「援助的な非行臨床実践とはいかなるものか」ということに関して、これまでの論点を踏まえて総括される。

加えて、心理臨床の本質にさらに迫る試みとして、われわれ人間の「現実」のとらえ方によって、いかに心理臨床の手法や方向性が形づくられるのかという根本的な問題が論考される。この一試論は、善悪や援助の方向性などがわれわれ人間の恣意や言語によって形づくられるという非行臨床にとっての前提は、当然、心理臨床行為全般に敷衍して考えられるべきではないかという問題意識に基づくものであり、単に非行領域にとどまらない心理臨床行為全般への還元の可能性を見据えたものである。

これは、別の角度から述べれば、心理臨床の諸学派が排他的にではなく統合的・包括的に布置される可能性を見出すとともに、おのおのの臨床家が自身の「ものの見方」や、自身の拠って立つ学派などの「相対性」を踏まえたうえで、自他の心の内外のさまざまな状況に応じて、その時点その時点での「確か」な方向性を選択してゆく主体的プロセスこそが、心理臨床行為を最大限援助的にせしめる大きな要因であることを示す試みでもある。

本書は、以上のような一連の流れを意識して構成されているが、各章は一応独立したかたちをとっており、読者の必要に応じてどこから読み始めても構わない。特に第2章は先行研究のレビューが主であり、臨床実践により関心の高い方は、読み飛ばしていただいても差し支えない。

わが国において、非行臨床に関する書物は少なくない。しかし、人間の「悪」を扱う心理臨床の本質的側面を十分に踏まえ、かつ、そのうえで、既成の理論や技法にとらわれないダイナミックかつセンシティブな臨床実践研究を行っているものは数少ない。本書では、そのような意味で読み応えのあるものを目指したと同時に、人間心理の複雑な機微や深淵さを可能な限り綴ってゆくことで、読者が、地に着いた心理援助を、生き生きと営んでゆけるようになることを期待するものである。

この世の中には、不幸や不平等が厳然と存在する。それらを前にして、心理臨床家としての私は自分の無力を再三、思い知らされてきた。しかし、われわれを圧倒する不幸や不平等に対して、一人ひとりは微力であっても、それらが織り成されることによって、人は不幸や不平等を乗り越えてゆけるかもしれない。その想いが読者一人ひとりに分かち合われること、それが本書執筆の最たる目的である。

目　次

第3章　心理臨床の原動力となるものとそれを援助的にせしめる要因
――ある非行事例を通じて

第5章　非行臨床における家族療法的接近 127

第6章　総合的考察および今後の発展に向けての試論　159

第1章

非行心理臨床とはいかなる営みか

——「悪」の論考を通じて

I　非行心理臨床の前提

1　万人に潜む「悪」と善悪の相対性

(a)　万人に潜む「悪」

人祖アダムとイブが神の禁を犯しエデンの園を追放されて始まった有史以来、非行や犯罪が存在しない時代はない。「悪」の根絶は人類の理想であるが、それが実現された社会は皆無であろう。表立って語られることは少ないが、「悪」は意識的にも無意識的にもわれわれ万人をひそかに誘惑するものであり、非行や犯罪というものは実はわれわれの人間性に根ざした行為なのかもしれない。

昨今、これまでの善やモラルを本位とした思想や哲学、科学のあり方へのアンチテーゼから、悪がわれわれを強くひきつけるものであり、われわれの生活と不可分に結びついているという視座を、それらに組み込もうとする立場がある。

たとえば、ヴケティツ（Wuketits, 1999）は、進化論的倫理学の立場から、抽象的な意味での悪、あるいは、うそやたくらみから犯罪に至るまでの人間のさまざまな行動における具体的な悪は、現実にかつつねに至るところに存在しており、人々は一方で善の世界を願っているが、他方ではずっと以前から悪の世界に順応してきたと述べる。

哲学者の中村（一九九四）は、およそ、暴力や破壊に対するひそやかな快感や隠れた欲望は、われわれ人間にとって決して偶然的なものではなく、人間の本能的自然のうちに深く根ざしている。根源的な自然がわれわれ人間に破壊をすすめ「悪」を促す。「悪」は一種の魅力を持った、あるべからざる現実的な現象であるとする。

河合（一九九七）は、「悪」と名づけたい傾向を「人間の心」が持っていることは認めざるをえず、「根源悪」はいつでも人間の心をとらえようとしているという。

さらには、善が目立たず自明であるためにほとんど退屈な気味があるのに対して、悪は人を魅了し（Piper, 1997）、犯罪や犯罪者にはしばしば私たちをとらえて離さないある種の魅力さえ感じられる（Wuketits, 1999）といった見解もある。

したがって、少なくとも何らかの条件が重なれば、誰もが陥る可能性があるのが非行や犯罪であるといえるだろう。

努力なしに快楽を得ようとする傾向、安逸への傾向は、人類自身と同じくらい古いものであり（Cube, 1998）、動物同様、人間においても、その主要にして根本的な原動力は利己主義、すなわち生存と快適への衝動である（Schopenhauer, 1980）。つまり、われわれ人間には利益を簡単に手に入れ、欲求をできるだけ速やかに充足させようとする傾向があり、そのような意味で、日常的な悪は私たち人間の、心の根本的な仕組みに属している（Wuketits, 1999）[1]。

(b) 「悪」の相対性

したがって、論理的に考えた場合、「悪」の抑止力となるものは、共同体において定められた法や規範やモラ

（1） 私たちの中には何百人ものヒトラーがいて、彼らは歴史的な時が来れば、姿を現すことになろう（Fromm, 1977）。

ルであり、われわれの本能や自然性には、それほど多くを期待できないということになる。

価値とか規範とかというものは、私たちの自然的本性の中に与えられたものではなく、人間自身が道徳的に間違った行動と正しい行動を区別し、善と悪を案出した(2)(Wuketits, 1999)。

その際、「善」とされるものは社会的規範に忠実な行動であり、「悪」は非社会的・反社会的なものである(Ridley, 1997)。

つまり、人間はみずからの営みを乱すものを非として抑圧・排除し、平穏にするものを是として受け入れ社会を構築していった。これによって、必然的に善悪の区別が生まれ、人間は悪を抑圧することによって理性化し、社会の秩序を築いてきた。主体となった人間の秩序の構築プロセスである。人間は社会の秩序に則ることに肯定的意味を付与し、秩序を乱すことに否定的意味を付与し、前者を善と呼び後者を悪と呼んだ。そして、否定的意味を付与された人間は排除されるか、もしくは矯正や治療という行為のもとに置かれることになった(以上、皆藤 一九九八による)。

2 非行心理臨床のパラドクス

以上を前提とすると、非行心理臨床は相当にパラドキシカルな営みであるといえる。それは以下の二つの点に集約されよう。

---

(2)「わがこころのよくてころさずにあらず」(親鸞)。まことに人間たちこそが、その善と悪のすべてをみずからに与え、まずもって人間が、自己を保存するために諸事物のなかへもろもろの価値を置きいれた(Nietzsche, 1923)。

(a) 第一のパラドクス――非行心理臨床の方向性

いわゆる「悪」から社会を守り、共同体や秩序を維持するために、犯罪や非行が人為的に定められる。それらは法の規定と適用により初めて存在しうるものであり、犯罪・非行研究は原因論にしても治療論にしても、当初からそこに社会統制、すなわち「悪」の抑圧や排除への方向性が暗黙の前提とされている。もちろん社会的要請に棹さす非行心理臨床とてその例外ではない。

しかし、「悪」の抑制や排除に寄与するということは、裏を返せば人間性や自然性、主体性の抑圧や否定にもつながりかねないということでもある。心理臨床の営みが、人間の心の全体性の回復やその個性化を目指すものであるとするならば、非行心理臨床は、その方向性に自己矛盾を孕んでいるということにもなる。

ここで、改めて「悪」というものについて、そして、「悪」を排除するということについて深く考えてみることが必要となるであろう。

ヴケティツ（Wuketits, 1999）は、さまざまな人々が善良なる人間の理想を説き、悪を排斥しようとするが、他方では悪を糧に生きている。こうしたリアルな事態を深く見つめることなくして、悪の本性を知ることはできず、そこにモラルの幻想も生まれると主張する。

中村（一九九四）は、従来の哲学が単純に「悪」を「善」の欠如とし、「あるべからざる、しかし魅力的で現実的な現象」である「悪」を避け抑圧してきたことを批判し、「悪」の意義をさまざまな視点から論じている。

河合（一九九七）は、これまで悪を正面から取り上げた心理学というものがほとんど見当たらないことを踏まえて、人間の主観の世界を取り扱わざるを得ない臨床心理学においては、どうしても悪の問題を避けて通れないとする。

ましてや、現実に起こった「悪」の問題を直接取り扱う非行心理臨床においては、「悪とは何か」という問いを抑圧してはならないはずである。

しかし、この命題を正面から見据えた研究や論述はほとんどない。このことは、非行臨床に携わる専門家といえども、当然に、「善」を人間性の本位とし、「悪」をある種の異常状態とみなしているということの裏返しでもあろう(3)。

非行心理臨床には、「善」本位の立場から、本来の人間性や自然性とは切っても切り離せない「悪」の抑圧を暗黙の前提としている一面がある。それは「心理臨床」の目指す方向性とは相容れない可能性がある。これが第一のパラドクスである。

(b) 第二のパラドクス——みずからの内なる「悪」

「悪」は意識的にも無意識的にもわれわれをひそやかに誘惑するものであり、非行はわれわれの内なる人間性や自然性からかけ離れたものとはいえない。

であるならば、非行臨床家とて、みずからの「悪」を抱えながら他者の「悪」に関与する者であり、ここに心理臨床家自身がみずからの内なる「悪」をどう踏まえてゆくのかという問題が浮上する。

一般に、「悪」を統制する立場の者は、多かれ少なかれ内なる「悪」を抑圧、否認し、棚上げすることを迫られる。その自覚や気づきに乏しい場合、非行を犯した子どもたちを徹底対象化し、みずからの内なる「悪」やさ

---

(3) なお当然、非行臨床以外の一般の心理臨床とて、「善」や「モラル」からまったく独立した方向性を持っているわけではない。したがって、心理臨床の実践に当たっては、セラピスト自身の現実の受け止め方や、ものの見方、モラルのありようなどについての自己覚知や確認作業が絶えず必要となるはずである。これについては「今後の発展」として第6章で触れることになるが、心理臨床実践において例外なく大きな意味を持つ、セラピストのメタ認知や自己覚知の重要性を明確に浮き彫りにしてくれるのが非行心理臨床ということになる。

らには人類に普遍的な「悪」を彼らに投影し、その異常性をことさらに意識し、彼らを排除せんとする心理機制に陥りがちである。

他方、みずからの内なる「悪」に実直に向かい合わんとするものは、共同体社会において罰せられ、排除され、スケープゴートとされがちな非行少年への同情や感情移入がなんらかのきっかけで喚起されたり、あるいは自他の「悪」に対する元来の忌避感情への反動形成が起こったりして、ことさらに感傷的になり、現実原則や社会秩序を軽視した姿勢に偏向しがちとなる。

特に、深刻な非行を犯す子どもたちには、生い立ちや家庭環境の不遇など、彼ら自身にその責任を帰すことができないような背景が絡んでいることが少なくない。そのため、同情心からのセンチメンタルな接近を、共感的・受容的な心理療法と取り違えてしまうこともある。

心理臨床においては、その研究にしても実践にしても臨床家自身の自己認識を前提に、対象者の理解や援助が行われることはいうまでもない。特に、「悪」を扱う非行臨床においては、非行者を極端に対象化した「科学的実証的」接近であれ、ヒューマニズムを過度に強調しすぎる「共感的心理療法的」接近であれ、そのどちらにもそこに専門家自身の「内なる悪」への抑圧や欺瞞が影を落としている危険性がひそんでいる。(4)

中村(一九九四)は述べる。自己認識にまず必要となるのは悪の自覚である。悪というものが自分と離れたところ、遠いところにあるとは考えずに、われわれはたえず悪を犯しうる状態にあると認識することである。また、自己と他者との間がそういう関係にあるのを認識することである。まことにそのような関係のなかで人間の行為が為されていることを身をもって知ることによって、初めて自他の悪に対する訓練がなされると。

(4) あらゆるものは、「善」によって徹底的に欺かれ歪められる(Nietzsche, 1923)。

河合（一九九七）は、善悪の単純な二分法や、悪の排除を安易に行うことなく、心理臨床家が「悪人としての自分」をどう考えるのかを意識することの重要性を説く。

皆藤（一九九八）は、肯定的意味付与の世界つまり善の世界にいると幻想する心理療法家の影が、否定的意味付与の世界にいるクライエントを肯定的意味付与の世界へ導くという方向性を批判的に論じている。

とりわけ、人間の「悪」に直接対峙する非行心理臨床に携わる者は、自身の内なる「悪」をどう認識し、それがクライエントの理解や援助にどう生かされ、あるいはどう差し障りとなるのかについての絶え間ない内省が求められるはずである。みずからの内なる「悪」を抱えながら、他者の「悪」への対処や援助を行うことを余儀なくされる。これが非行心理臨床における第二のパラドクスである。

Ⅱ　非行心理臨床とはいかなる営みか

1　心理臨床の本質とは何か

非行心理臨床について論考するうえで避けては通れない二つのパラドクスを挙げた。第一に、援助の方向性に関してであり、第二に、人間の内なる「悪」に関してである。

われわれが生きることには必然的に「悪」が伴う。ならば、「悪」を無視した自己実現や個性化というものはありえない(5)。しかし、「悪」は、われわれが生きる共同体やわれわれ自身への破壊性を持つものでもある。悪が一定の破壊性を超えるときは、取り返しがつかない（河合　一九九七）ことになる。であるならば、「悪」を生きることに有機的に取り入れながらも、「悪」の統制をも視野に入れざるを得ない「非行心理臨床」というものがいかに成立しうるのであろうか。

これは、皆藤（一九九八）の言葉を借りれば、いかに「肯定的意味付与の世界と否定的意味付与の世界をつなぐ」ことができるかということでもあろう。皆藤（一九九八）は以下のように述べる。その二つの世界をつなごうとする作業は困難であり苦しみを伴う。われわれはつねに安寧を求めようとするし、その作業のプロセスに排除の論理が執拗に作用する。そのためには、当然、心理臨床家それぞれが「悪」や「死」といったこれまで否定的意味が付与されてきた事態を、自身が生きる営みの俎上において、自身にとっての意味を自身の営みのなかに再構成しなければならない。これはすなわち、「いかに生きるのか」というテーマに取り組むということであり、それなくして人間の営みの本質に触れることも、人間の尊厳に触れることもできない。

つまり、非行心理臨床とはいかなる営みかについて考えてゆくということは、すなわち、「悪とは何か」、「生きるとは何か」、「幸不幸とは何か」、「自己実現とは何か」、「援助とは何か」といった実存的な問題を真摯に考えてゆく必要性に容赦なく迫られるということでもある。

また、それら根源的ともいえる問いは、なにも非行臨床に限らず、すべての心理臨床においてその本質に絡んでくるものであり、すべての心理臨床実践において、そのプロセスと方向性に決定的な影響を及ぼすはずのものである。したがって、非行心理臨床とはいかなる営みかについて考えることは、「心理臨床とは何か」[6]についてである。

(5)　自己実現にとっては、悪や死といったこれまで否定的意味が付与されてきたものをも入れ込んだコスモロジーが必要になる（河合　一九八三）。

(6)　これに関連して皆藤（二〇〇四）は、「心理臨床とは何か」ではなく「何が心理臨床なのか」という問いこそがその本質に迫るものであるという視座から、心理臨床の営みについて深い論考を行っている。

考えてゆくことでもある。ゆえに、本書は、非行を犯した子どもたちとの心理臨床実践を通じて、改めて心理臨床の本質に迫ろうとする試みとしても位置づけられよう。

2 「悪」とは何か

中村（一九九四）が、人間性の本質は「善」ではなく、そこからは「悪」を排除できないとしたうえで、「悪」や「負性」を帯びたものを含みえず、排除することで成り立っている多くの哲学や宗教、思想などを批判的に分析し、「悪」を理論的に含みこむ方法で哲学を成り立たせる試みを行っていることは先に述べた。中村（一九九四）は、さまざまな思想や例を踏まえて、「悪」を以下のように定義する。

我々の秩序だった関係を破壊させるもの
（存在の欠如ではなく）存在の過剰
おぞましいもの、避けたいもの
苦しみ（与苦、受苦ともに）
災い、不幸
罪、けがれ
（善の合理性に対して）情動的なもの
カオス、混沌
あいまいなもの、多義性、境界性

そして、「悪」は、一方で人々の忌避や排除の対象となるものであるが、一方で「存在性」、「創造力」、「生命力」、「魅力」、「人間が心ひそかに憧憬するもの」であるとする。そのうえで、「悪」を単に否定的なものと切り捨てたり、あるいは、「善・悪」の二元的な対立という固定図式にとらわれることなく、「善本位の合理的世界に生ける水の流れを流すもの」として「善・悪」を一体不可分のものとしてとらえ、「悪」を通じて人間存在やこの世の中に生きた結合、生きた全体性を回復することの重要性を強調している。

ヴケティツ（Wuketits, 1999）も、同様に悪というもののさまざまな相貌を引き合いに出し、善と悪はしばしば相互に密接な仕方で絡み合っており、理性的なものないし善を生み出す心と、非理性的なものないし悪を生み出す心があるのではなく、同じ一つの心がそれら両者をもたらすとして、人間の善やモラル本位の観念論的倫理学を批判する。

皆藤（一九九八）によれば、充溢する生命力は、創造性と表裏一体である暴力や破壊性を持っているとされ、また、河合（一九九七）は、特にわが国では創造性や個性の顕現は「悪」に接近して受け止められると述べている。

すなわち、「悪」はこの世のいたるところに遍在し、われわれが共同体における生活の基盤としている合理性や秩序を脅かし解体するものである一方で、実は人間性や生命力や創造力の発露であり、したがって、「悪」を一方的に否定し制圧するのみでは、人間存在や生きるということの本質的部分が抜け落ちるということである。これらはまさに「心理臨床」の核心にかかわる視座といえるであろう。

3 「与苦」と「受苦」

(a) 「与苦」としての「悪」

ここで「非行」を犯す子どもたちの「悪」について考えてみたい。

「非行」は典型的な悪の表象である。非行者は、まさに「抑制を欠いた過激さを特徴とし、しばしば度を越して、他者や自己の属する秩序を侵害して他人に害を与えたり、自己破壊に突き進んだりする」（中村 一九九四）者であるといえる。すなわち、「与苦」であり、「存在の過剰」としての「悪」である。だからこそ、社会予防や共同体の維持のために、「非行」の否定的側面や負性が際立って人々に意識される。社会的要請に棹さす非行心理臨床とて、その前提として「悪」の抑圧や排除を例外としていないことは先に述べた。

しかしながら、実は生命力や人間性の発現でもある「悪」を、一方的に否定し抑圧し排除しようとするばかりでは、「心理臨床」の営みとしてはどうしても不十分なものにとどまるといえる。したがって、「善と悪」とを一体不可分とみなし、生きることに「悪」を有機的に組み込み、人間やこの世の生きた結合、生きた全体性を回復するといった観点から、改めて非行心理臨床のありようを模索することが必要であろう。

(b) 「受苦」としての「悪」

一方で、子どもたちの犯す深刻な非行が「与苦」であれば、深刻な非行を犯す子どもたちが典型的に抱えるいわば「自らの責任ではない理不尽な不幸」、「生まれいずるところの不幸」は「受苦（パトス）」としての「悪」であり、「避けたいもの」としての「悪」であるといえる。

子どもたちの中にいわれのない「受苦」を負うものが存在すること、翻ってわれわれの生きるこの世に「不幸」や「不平等」という「悪」が厳然と存在することに、合理性や善本位の観念論的立場からは説明が果たしえない。さらには、「善」を本来的なものとし「悪」を否定する援助者のスタンスは、この世に厳然と存在する「不幸」や「不平等」を抑圧し、ひいては援助者と対象者間のさまざまな意味での「不平等」や、互いの「受苦」と「受苦」、「与苦」と「受苦」、あるいは「与苦」と「与苦」などが絡み合う両者の関係性からも目を覆うことにもつながりかねないであろう。

この世の中の理不尽な不幸や不平等をどう人生上に定位するか、つまり、人が「受苦」をいかに生き抜くのかについては、もちろん安易に論じ得るものではない。しかしながら、少なくとも人間の「苦」にかかわらんとする心理臨床家は、この世に抗いようのない「不幸」や「不平等」が存在するという現実を抑圧することなく、自身の心理臨床の営みに統合せんとする努力が必要となろう。(7)

(c) 「受苦」の位置づけ

それでは、われわれは心理臨床家として、いったいどのように「受苦」を位置づけたらよいのか。

この世の中には「不幸」がある決まった一定量あるとすれば、クライエントは特にそのうちの多くを余計に引き受けてくれている者であり、その「おすそ分け」をもらうつもりで臨床実践を行おうとする姿勢(村瀬 一九八二)が求められているのだろうか。

「世の中には毎朝目が覚めるとその目覚めるということがおそろしくてたまらない人があちこちにいる。なぜ私たちではなく、彼らが病まねばならないのか」(神谷 一九八〇)という敬虔な思いを、心理臨床の営みを支え

(7) おそらく、この過程は長い道のりであり、それぞれの心理臨床家の生い立ちや幸不幸、生きざまや生きる姿勢などといったさまざまな状況に応じて、すぐれて個性的なもののはずである。

る力とするのか。

クライエントの深い苦しみや不幸に、ひそやかな「祈り」を持って寄り添う[8]のか。

相手の苦境を目のあたりにしたとき、受苦を抱える同じ人間同士、なんとかしてあげたいという「種のつながり」（氏原 一九九五）が心理臨床の基盤となるのか。

そもそも、犬や猫が傷ついた仲間に寄り添い傷をなめ合うように、利他の姿勢はヒトの本来的な性質[9]なのか。

たとえ生まれてきた子どもが重い障害や不治の病などに犯され、生きる時間が限られていたとしても、「楽しいことだけでなく、苦しみや辛いことも同じように味あわせてあげたい。それが豊かに生きるということ[10]」なのか。

臨床家としての歳月を経たのちには、不幸に生き、不幸に死んでゆく子どもを、「あの世ではきっと幸せに暮らしている[11]」と確信できるようになるのだろうか。

「神がつくった世界は子どもたちが故なくして苦しめられていることが示すようにひどく理不尽であるが、むしろそのような理不尽の上に現実は成り立っている[12]」と諦観する姿勢が求められるのだろうか。

「不幸」や「避けたいもの」としての「悪」が逆に尊重され、特権につながるなどといったことが現実にありうるのだろうか[13]。

（8） 土居（一九九二）を参照した。
（9） 神田橋（一九九〇）を参照した。
（10） 毛利ほか（一九八四）を参照した。
（11） 河合隼雄がある知識人との対談において、自身が心理療法においてこのように言えるようになるまでには、二十年の歳月を要したと語ったもの（正確な出典は見つけられなかった）。
（12） ドストエフスキー（一八八〇）『カラマーゾフの兄弟』におけるイワンの主張。中村（一九九四）から引用。

「善人なおもて往生をとぐ。いわんや悪人をや[14]」という言葉を信じてよいのだろうか。「受苦」をそして「悪」をいかに臨床実践に位置づけるかに関する筆者の考えは未だ定かではない。しかしながら、ここにとりあげたような、この世に厳存する「受苦」や「悪」から目を背けずに人生に統合せんとする個々の臨床家の姿勢やまなざしによってこそ、「苦」や「悪」が生きるうえでの深い意味を顕現させてくるのかもしれない。

次章以降で展開される論考には、以上のような問題意識が強く反映されることになろう。

4　非行臨床における「受苦」と「与苦」――「悪」を通じての個性化

「受苦」と「与苦」は絡み合い、循環し、増幅する[15]。

そもそも、「受苦」を抱える子どもたちがなにゆえ、そのような「与苦」そして「存在の過剰」としての「悪」

(13)　中村（一九八三）によれば、バリ島プーラダレム寺院に住む「魔女ランダ」は善と悪が交流する生命力の象徴であり、その性格づけには邪悪なものや人間に対する弱さをただ切り捨てたり、抑圧したり、無視したりせずに、むしろそれらを顕在化させ、解き放ちつつ祭り上げることによって〈パトス（受苦、情念、受動）〉から自己を守るとともに、文化に活力を与える絶妙な仕組みが隠されているという。

関連して大江（一九八三）は、障害を持つことによって遺跡において最高の露天の場所を確保している男性や、顔の畸形の少女が弟妹らに敬虔に付き添われて優雅かつしっとりとした自然さで寺院を詣でていることなどを綴り、もし自身がその地に生まれたとしたならば、障害を持つ長男とともに夕暮れごとにプーラダレムへ詣でて魔女ランダに祈願することを、懐かしくしめやかな生活の習慣にしたはずと語る。

(14)　親鸞による。

(15)　虐待を受けた子どもたちの非行などはこれの典型的な例であろう。なお、被害が加害に転ずるメカニズムについての仮説としては、家庭裁判所調査官研修所（二〇〇三）、橋本（二〇〇四）、藤岡（二〇〇一）などが挙げられる。

をなし、さらなる「悪」を生き抜こうとするのか。

けだし、いわれのない「受苦」を抱える幸薄い生い立ちにおいて「与苦」としての「悪」を為すことは、すなわち生きる力の発露であり、この世における自己の存在を色濃くする、つまり自己実現のプロセスそのものなのであり、この「悪」を通じての個性化という視座こそが、非行心理臨床の基盤になるのではなかろうか。

ゆえに、非行臨床を「心理臨床」として成り立たせるためには、「悪」を単純に抑圧、排除し、それに代わって「善」をあらしめるのではなく、「悪」が体現する存在性や生命力、創造力などをどう生かし、どう折り合いをつけながら、子どもたち一人ひとりがこの世の中を生き抜いてゆくのかといった視座が不可欠となるであろう。それには当然、臨床家とクライエントがともに、しかしそれぞれ別の意味で、「悪」と「善」を自己にどう定位させて個性化の道を歩んでゆくのかという姿勢やそのありようが決定的な影響を及ぼすはずである。


とはいうものの現時点で、筆者に「『悪』を通じての個性化」というものの具体的イメージが鮮明になっているわけではない。

この点、「悪が、自己統御によって能動性を保持している限りでは生命力を体現して魅力を持つ」(中村 一九九四)という視点、あるいは、「悪人としての子どもを単純に排除してしまうのではなく、自分自身も人間としての限界を持った存在であるという自覚が、子どもたちの関係をつなぐものとして役立つ。そして、そのような深い関係を背後にもって、悪も両義的な姿をみせてくる」(河合 一九九七)などといった視座が、一つの羅針盤になるだろうか。

さらに身近なレベルで考えると、適度に「悪」をなしながらも回復不能な「悪」には至ることなく、日々を生きていけるようになるといったことが、援助目標になる可能性もあろう。実際、なんらかの「悪」にまったく手を染めたことのない者はありえず、「悪」を適度に「出し入れ」できるようになることが「大人」になることともいえる。

その意味では、子どもの道徳性の発達に関して、〈無垢→しつけによる「悪」の学習とモラルへの硬直的従順→大人社会の「本音と建前」への馴染み→適度に悪を出し入れできる能力〉といったプロセスが想定できる。この点、「善」を本位とした直線的な道徳性の発達理論（Kohlberg, 1976など）は、臨床実践にはそぐわない可能性があるかもしれない。

なお、先に述べた「回復不能の悪」言い換えれば「絶対に許せない悪」（中村 一九九四）が何たるか、ということについてはさらに突き詰めた議論が必要である。そしておそらく、心理臨床家が「絶対に許せない」と感じる「悪」に対しては、心理臨床的援助は限界があるであろう。これらは重要な論点であると思われるが、本書においては論及されない。

第2章

非行臨床研究の歴史的展望

——研究者の内なる「悪」を踏まえて

I　はじめに

第1章では「悪とは何か」、「幸不幸とは何か」、「援助とは何か」などといった問題が、非行臨床、そして広く心理臨床全般の営みに深く影響するという観点を明示し、本書においては、折に触れ、それら根源的なテーマに立ち返りながら、非行臨床論や心理臨床論を展開してゆくことを述べた。本章ではそれに先立ち、関連する非行研究や非行臨床理論の歴史的変遷を体系的に整理する。

その理由は以下のとおりである。

まず第一に、非行研究・非行臨床は社会や共同体の維持にとって必要不可欠なものであるがゆえ、さまざまな人格理論や心理臨床理論が活用、援用されてきた領域である。また、非行研究や非行臨床が必要不可欠なるものであったがゆえに、逆にそれらが一般の心理臨床の発展に及ぼしてきた影響も少なくない。たとえば、C・R・ロジャーズは当初、児童相談所の心理臨床家として、非行少年や問題児の治療にその臨床実践の第一歩を刻み、その分野での豊富なケース活動が、後の来談者中心療法などを発展せしめた（Rogers, 1939）。また、家族療法の父とも言われるS・ミニューチンは、スラム街の非行少年やその家族との治療体験などを踏まえて、構造派家族療法を提唱した（Minuchin, et al., 1967）。また、今日の児童精神医学はその発展を非行と知的障害に負っている（小倉 二〇〇八）ともされる。つまり、非行臨床は、社会からの絶対的な要請に基づいた心理臨床実践であり、だからこそ、さまざまな心理臨床理論や心理臨床スキルを洗練させてきたといえ、ここでその歴史的変遷を振り返っておくことの意義は大きいと考えたからである。

第二に、第1章で述べた、いわゆる「援助の方向性」や「内なる悪」といったパラドクスを、研究者や臨床家がいかに踏まえているか、あるいはいないのかといった観点から、これまでの非行研究や非行臨床理論をとらえなおしておく必要性があると考えたからである。これにより、非行に関する科学的実証主義や矯正教育的アプローチ、共感的心理療法的アプローチなどのそれぞれの立場やありようについての新たな位置づけが可能になるであろう。

第三に、刑事政策的、社会的、人間関係的に定義され、しかもそこに個人の性向や心理、発達、環境などの影響が反映された非行に関する研究は、当然、学際的であらざるを得ず、過去においても、刑事政策的側面、科学的実証的側面、発達的側面、社会・家族的側面、治療教育・心理療法的側面などの多次元的観点から、それぞれに研究成果や実践報告などが論じられている。本章において、それらを体系的に把握しておくことで、臨床実践に有効な統合的アプローチへの発展やその構築を見据えたいという意図によるものである。

II 非行臨床研究の歴史的変遷

1 非行研究の萌芽

人類の文明が生まれて以来、政府や社会組織、司法の最初期形態がつくりだされ、正義と不正義、法と不法、罪と罰といった観念が、その内容に違いはあれ、何十世紀もの歴史をかいくぐって今日に生き続けてきた。犯罪・非行の予防や防衛は社会の絶対的義務であるが、それは同時に、司法が権力者の恣意によってゆがめられ、刑罰が乱用されてきた歴史でもあった（Ellenberger, 1965）。

また、かつて非行・犯罪者は「悪魔に取り付かれた邪悪な人間」とされる（Sutherland, 1924）など、非行者らの排除は同じく一般市民の望むところでもあった。統治者層とその思惑は異なれど、非行者を「自分とはかけ離れた異常者」とみなして共同体生活を守ろうとする心性である。

そのような背景において十八世紀、C・B・ベッカーリア（Beccaria, 1764）は、刑罰の有効最小量を基本原則と定め、人間性と犯罪の発生源についての体系的知識に立脚した教育や指導などの必要性を唱えた。H・エランベルジュ（Ellenberger, 1965）は、このベッカーリアの功績を最大限に評価し、犯罪・非行の科学的実証的研究および人道的処遇の芽吹きとみなしている。

2 科学的実証主義

これを奇貨として、「科学的実証的」と称される非行・犯罪研究の時代に移行することになる。しかし、研究者とて社会共同体の一員であり、非行・犯罪者を異常者、排除の対象者とみなす根深い観点は依然として残された。

たとえば、C・ロンブローゾ（Lombroso, 1876）は、非行・犯罪者は進化の過程に取り残された生まれつき欠陥を持つ「生来性犯罪人」であると結論づけ、その身体的な変質徴候として、顎の前方突出、狭く後退した額、頬骨の張り出し、頭が大きすぎるか小さすぎる、斜視、三白眼、縮れ毛、三つ口、指の奇形、左利きなどの特徴を挙げた。当時、ダーウィニズムに根ざした科学的実証研究として一斉を風靡したこの説は、生来性の犯罪・非行者を治療不能とみなし、あらゆる治療や社会復帰の試みを無益とするものであった（Ellenberger, 1965）。

すなわちこれは、人間の本性に根ざした「悪」を抑圧し、犯罪・非行者を変質者として徹底対象化した視座であり、その背後には、われわれの内なる「悪」が影として彼らに投影され、彼らをスケープゴート的に排除せんとする無意識的な力動性が作用しているといえよう。

ポスト・モダニズムが唱えるがごとく、いかなる分野においても、そして、たとえどんな科学的実証的手法を用いても、研究者の「ものの見方」は完全に中立的、客観的ではありえない。特に、共同体の秩序や平穏を脅かす「悪」を相手にする非行臨床においては、研究にしても臨床実践にしても、この「悪」から中立的な距離を保つことはそれほど容易なことではない。

果たして、ロンブローゾの科学的実証主義は、その短絡性や差別的視座が批判されその後、衰退していった。ただし、「行動生起の説明を生物学的決定論の体系の中に求め、犯罪・非行者の身体的特徴という客観的計測の可能な指標を用い、対照群を用いて統計的比較を行い、科学的研究にふさわしい数量化と有意性の検定に道を開いた」（井上 一九八〇）という点で、現代に至る科学的実証的研究のさきがけとなった。

3 生物心理学的実証研究とその発展

その流れを汲んだ生物的観点、特に神経系や脳機能の特徴と非行行動との関連を解明するといった観点は、現在まで非行・犯罪の理解に一定の知見を提供し続けている。たとえば、R・レンプ（Lempp, 1958）は、気脳写法により非行少年の三九パーセント、神経症・環境反応性行動異常児の九〇パーセントに脳の異常所見を見出し、「早幼児期脳障害」を非行の大きな要因とみなした。以後、脳の微細な障害と非行との関連に注目が集まった。レンプによれば早幼児期脳障害の子どもの特有な精神症状は以下のとおりとされる。

1 知能は平均的で知的障害はないが、ゲシュタルト心理学でいう図と地の分別機能に障害がある。
2 注意集中力が低く、移り気で飽きやすく、大事なことを選んで徹底して行うことができない。
3 感情は不安定で、すぐに泣き出したり、すぐけろりと泣き止んで笑ったりすることがある。

4　衝動的で抑制がきかない。
5　外からの刺激に過敏に反応することがある。
6　対人関係の距離がとれない。未知の人に馴れ馴れしい反面、持続的な人間的な結合力に欠けている。
7　危険に対する恐怖心に欠け、高いところから飛び降りたり、危険な遊びに熱中したりする。体に生傷が耐えない子どもが多い。
8　学業成績は、知能の割には低いことが多い。字は下手で、手先は不器用なことも多い。身なりも整わず、いたずらが多く、年中せわしなく動き回って落ち着きがない。

以上、福島（二〇〇〇）による

関連して福島（一九七七）は、生育史、社会環境などの要因を考慮する必要性を前提としながらも、気脳写の異常所見率と、精神病質などの異常性格像の形成との間に比較的高い関連性があることを示した。

さらに、福島（二〇〇〇）は、現代少年の特異な非行行動や、注意欠陥多動性障害（ADHD）、行為障害、反社会性人格障害などの要因となりうる乳児期の脳の微細な形成異常に着目し、その形成異常が環境ホルモン（内分泌攪乱科学物質 Endocrine Disrupter）によってもたらされている可能性があると述べている。[1]

もっとも、現代における生物学的接近は、脳の異常所見などの特徴と犯罪・非行行動の直接的な因果関係を見出すというよりも、個人の発達や経験や環境要因などとの相互作用によって、個人の学習スタイルや行動傾向、刺激反応性、衝動性といった犯罪につながりやすい特性にどう影響するのかといった、心理社会学的要素を柔軟に織り交ぜた形で発展しつつある。

（1）　ただし、レンプや福島はともに、事件の重大さや異常さにもかかわらず、事件後の更生可能性が高いのも、脳に潜在的な異常所見を持った者の特徴であり、彼らは環境に恵まれれば社会的適応が可能であり、心理社会的な援助が有効であるとしている。

近年の発達障害や行為障害と非行との関連研究や、両症候への治療教育に関する実践報告などの目ざましさは、その一連の流れに位置づけられよう。いずれも、非行行動を、ある種の医学的「病」あるいはそこから派生したものとみなし、主に医師や臨床心理士などの専門家による医学的治療や心理教育の対象と位置づけ、認知行動療法的アプローチを第一の選択肢としているといった特徴がある。以下、参考までに最近の研究とその概要をレビューする。

(a)　**発達障害傾向**

近年、広汎性発達障害や注意欠陥多動性障害と非行との関連をテーマとする研究が顕著であり、いずれも事例提示などを通じて、発達障害を持つ子どもの早期発見およびその適切な理解や治療教育の必要性を論じている。

十一（二〇〇四）は、触法行動の基本契機との関連を踏まえた司法精神医学的分類として、広汎性発達障害の状態像を、偶発型（従来型）、性衝動型、理科実験型、高次対人過負荷型の四類型に分類定義し、発達障害者独自のハンディキャップを十分考慮に入れた非行理解が不可欠であり、定型発達者を対象とした従来の内省促進型心理療法は不適で、認知や行動面へのアプローチが有効であるとする。

鳥塚ほか（二〇〇五）、工藤ほか（二〇〇五）らは、アスペルガー症候群の少年による非行事例を提示し、専門家による早期発見・早期援助や二次的障害への対処が重要であるとともに、周囲や社会全体のアスペルガー症候群に対する理解が深まり、彼らの存在を受容する態勢が整備されることが必要であると述べる。

藤川（二〇〇五、二〇〇八）は、発達障害を抱える非行少年の特異性を踏まえて、面前の問題を常識的に解決するような指導を続けること、適切な教材を利用して一般常識を教えたり自己の特性に気づかせたりすること、日記指導や生活指導を活用することなどの有効性を論じている。

吉永（二〇〇八）は、ＡＤＨＤ的特性やＡＤＨＤの二次的障害が問題行動に結びついた事例などを報告し、その確定診断には慎重であるべきとしながらも、できるだけ早期に子どものＡＤＨＤ傾向に気づくこと、そしてその特性に配慮した支援の必要性を示している。

小栗（二〇〇七）、品川（二〇〇五）らは、一人ひとりの少年院収容者に対して、発達的なプロフィールを的確にアセスメントし、個別の処遇計画に反映させ、食習慣や生活習慣の徹底的な立て直しや、学力面・運動面への指導、集団行動スキルを高める指導、対人関係能力を高める指導などを計画的に実施することにより、非行少年らの低下している自己評価や自尊心の回復を図る手法が、更生に非常に有効であると論ずる。小栗（二〇〇七）によれば、それら欧米の実証的研究に基づいた指導や処遇（Lipsey, 1992, 津富　一九九六）の具体的実践は、発達障害児への教育指導で有効とされる事項と重なっていることから、非行少年の特性を発達障害に類する傾向として理解することが有効であり、とりわけ認知行動療法的アプローチが推奨されるとする。

(b)　発達障害と行為障害の関連

齊藤ら（二〇〇〇、一九九九）は、ＡＤＨＤの二次的障害という観点から、多くのＡＤＨＤの子どもが後期幼児期から学童期にかけて著しく反抗的になり、ＯＤＤ（反抗挑戦性障害）の診断が可能な状態となり、その一部は後期学童期から思春期にかけて複数の反社会的行動を反復的・持続的に示し、行為障害と診断されるに至り、さらにその一部が青年期のいずれかの段階で常習的犯罪者である反社会性人格障害に至るという一連の展開過程を想定し、ＤＢＤ（破壊性行動障害）マーチと名づけた。

ＤＢＤマーチ説は現在、非行臨床実践における有力な説であるが、その実証を試みた調査研究も行われている。渕上（二〇〇七）は、「失敗傾向」が比較的安定した個人特性であり、非行との関連性も強いという着眼点から、鑑別所入所中の非行少年一八四二人に質問紙調査を行い、「失敗傾向」の因子分析、行為障害と「失敗傾向」の関連性、それらを踏まえてのＤＢＤマーチ仮説の統計的実証と理論モデルの検討を行った。

結果として、「実行機能の問題」、「アクションスリップ」、「認知の狭小化」という「失敗傾向」三因子が見出され、DBDマーチ説の因果連関が支持された。特に「実行機能の問題」は行為障害傾向に顕著な影響を与えており、他方、「アクションスリップ」、「認知の狭小化」はそれぞれ行為障害傾向への影響がないか、あるいは逆にODD傾向を低減させる保護要因であり、DBDマーチを断ち切り行為障害化を防ぐために、失敗傾向の中でも「実行機能の問題」に注目すべきであることが示唆された。

(c) 行為障害傾向

DSM-Ⅳは行為障害を、ADHDが並存することが多く反社会性人格障害に発展しやすい小児期発症型と、そうではない思春期発症型の二類型を想定しており、その類型に応じた治療援助のあり方や、さらに別の観点からの類型化の試みなどが最近の主たる研究テーマであるといえる。なお、その多くが、わが国では行為障害児への精神医学的アプローチが不十分であるという問題意識をその出発点としている。

齊藤（二〇〇八）は、行為障害概念の登場とその児童思春期精神医学への影響を展望したうえで、行為障害への精神分析的治療や来談者中心療法的遊戯療法などの従来型の精神療法の意義はかなり限定的であり、認知行動療法的な観点から組み立てられた集団療法がより有効であるとする。なお、類型別には、思春期年代の思春期発症型行為障害に対しては、非行集団からの引き離しや集団的心理教育プログラムが特に有効であり、個人精神療法は退行的心性を顕在化させ不適である。児童期年代の小児期発症型行為障害に対しては、安全で保護的な生活の場の保証や社会生活技能訓練（SST）を目的とした集団療法などが有効で、そのうえで遊戯療法などの個人精神療法が意義を持つ場合がある。思春期年代の小児期発症型行為障害に対しては、集団生活を通じた規則正しい生活習慣の確立や構造化されわかりやすく教示されたSSTや行動修正法などが有効であると論じている。

なお、新たな類型化の試みとして、奥村（二〇〇七）は行為障害チェックリストを作成して、行為障害を暴力型、虚言型、混合型、未分化型の四類型に分け、暴力型と虚言型の混合型を反社会性人格障害の中核群とし、また、近藤ら（二〇〇六）は行為障害を反社会型、不安定型、同調型に分類している。

一方で、松田（二〇〇四）は、一般精神科病院における行為障害の治療の実際や問題点ともに、その際の困難な状況、治療援助者の無力感、司法諸機関との連携の重要性などについて具体的に論じている。これは、精神科疾患の一つとされる行為障害に対しては精神科治療が望ましいという声が高まりつつも、矯正機関ではない一般病院での対応には多大な困難がつきまとうことを例証するものである。

4　心理社会学的実証主義の発展

一方、心理社会学的側面を重視した実証研究のさきがけとして、S・グリュックとE・グリュック（Glueck & Glueck, 1950）の特性研究が挙げられる。

彼らは、非行の原因を一つと特定できない以上、原因を多面的に調査し、統計学的に研究することが科学的であるという多元的原因論の立場から、心理学者、社会学者、人類学者、精神科医などの専門家研究チームにより、五百人の非行少年と五百人の対照群を比較し、心理学的特性、パーソナリティー要因、環境要因、生物学的要因などの多次元にわたって、四〇二項目の調査を行い、対照群を用いた大規模調査と統計的検定によって抽出された非行原因に関する因子リストを作成した。

その結果、非行少年に多く見られる心理学的特性として、外向性、衝動性、敵対心、挑戦性、自己愛傾向、頑固さ、問題解決能力の乏しさ、言語性能力の低さなどが示され、それらをもとにして将来の非行可能性を予測する「非行予測表」が開発された。当時、画期的とされたこの非行予測表は、その後、ほとんど無効であることが判明した（石川　二〇〇八）が、この可能な限り多元的、総合的な要因を取り込もうとした実証研究の試みは、その後、追跡調査や再分析が繰り返され、その研究手法は、非行の要因や再犯予測、処遇効果検証などのさまざまな実証的研究として、形を変えながらも現代に受け継がれている。

5　非行臨床実践における現代の実証主義の意義

非行臨床実践に関する現代における実証主義の意義として、多次元的アプローチおよびエビデンスに基づいた治療教育という二点が挙げられる。

多次元的アプローチは、さまざまな要因が輻輳する非行という現象は、一元論的因果関係からは決してとらえられるものではなく、複数の観点からのアプローチが必須であるとするものである。具体的な方法論としては、①考えうる複数の因果関係を積算する、②生物-心理-社会的アプローチに代表されるように核となる主要なカテゴリーを中心に据える、③非行や再犯の原因的に有意と考えられる因子をリストして並列する、④複数の要因やカテゴリーをある一つの大枠のもとに包括的統合的に把握する、などと幅はあるが、すべて、対象を多次元的複眼的視点から理解しようとするものであり、臨床実践における包括的統合的アプローチを導くものである。

エビデンス・ベースト・アプローチは、治療や矯正教育にあたっては、過去の実証研究やメタアナリシスなどのエビデンスに基づき、治療や矯正に効果的であると証明された技法を用いるべきといった治療的あるいは刑事政策的姿勢である。目下のところ欧米圏においては、認知行動療法関連の効果が実証されており（Lipsey, 1992）、多くの矯正機関等で積極的に導入、活用されている。

認知行動療法のほか、システム療法関連も実証的エビデンスが確立され、多くの矯正機関で導入されている手法である。たとえば、米国の多くの州では法務省の指針に沿って、非行少年やその家族への治療援助として機能的家族療法（Functional Family Therapy）や多次元的家族療法（Multi-Dimensional Family Therapy）が活用されている。

機能的家族療法（Sexton & Alexander, 2000）は、おおよそ一二回の来談面接で、①子どもや家族へのかかわりと動機づけ、②行動変容の促進、③学んだスキルと行動の一般化という三位相の順に沿って家族治療援助を行うものであり、三十年間に及ぶ無作為割付対照試験（Randomized Controlled Trial）を用いたリサーチによって、施設収容や個人療法などの他の介入援助手法に比べて、再犯率の低さ、経済性の高さ、効果の持続性などが実証されているものである。

また、多次元的家族療法（Liddle, et al., 2001）は、家族、交友関係、学校やコミュニティなどの多次元的システムに複合的に介入するシステム療法であり、個人療法（主に認知行動療法との比較）、集団療法、施設入所に比してより効果的であり、特に薬物非行に関しては、優れた再犯抑止率や治療効果のほか、非行少年の治療意欲の継続性や、学校への適応性や家族機能が大幅に改善され、かつ経済的であるとされる。

マルチシステミック・セラピー（Henggeler, et al., 1998）は、子どもの問題行動の発現には、家庭環境、仲間関係、貧困、犯罪発生率の高い地域への居住、暴力を許容する文化など、子どもを取り巻く複合的な要因が関与しており、非行行動への対応は、単一のプロセスのみに焦点を当てた治療技法では限界があるという前提から、家族、学校、仲間、コミュニティなどの子どもを取り巻くシステムに焦点を当て、家族療法や個人療法なども含めた複合的介入を行うものである。吉川ら（二〇〇八）は、有効性と対費用効果が実証されている手法として、このマルチシステミック・セラピーのわが国への積極的な導入を推奨している。

6　わが国の非行臨床実践における課題

昨今、わが国の矯正機関や保護関係機関においても、欧米圏でのエビデンス・ベースト・アプローチに追従するかたちで認知行動療法関連技法が推奨、導入されつつあり、その有効性が漸次、報告されている。

他方、わが国の心理臨床の発展は心理力動的アプローチやクライエント中心療法的アプローチなどに支えられてきたともいえ、それは非行臨床においても例外ではなく、現在においても力動的心理療法やクライエント中心療法などによる実践報告や事例研究が比較的多くなされてもいる。しかし、国内外を問わず、エビデンスを重視する立場の研究者や臨床家は、心理力動的アプローチやクライエント中心療法的アプローチの非行臨床への適用に対しては否定的な論調である。実のところ、クライエント中心療法の非行臨床への適用の試みは、その発祥の地である米国においても数少ない。

この点、わが国における非行心理臨床の発展のためには、行動変容的技法および狭義の心理療法的アプローチの両者を対立的・排他的に位置づけるのではなく、それぞれの特徴や有効性を踏まえたうえで、包括的・統合的なアプローチのありようを探ってゆく必要に迫られているものと思われる。

参考までに、P・ワクテル（Wachtel, 1997）は、人の心的構造と、その個人の常に進行しつつある他人とのやりとりの間の複雑な二方向的相互作用に注目し、無意識の希求、恐れ、葛藤、不安などは、現在起こりつつある対人間の相互作用を形づくり、ときには現実にそぐわないように見える行動や情動を導く一方で、それら無意識の希求、おそれ、葛藤などは、それら自体、常に起こりつつあるさまざまな出来事によって形づくられている。それらが過去の心的構造としばしば似るのは、固着や制止を通じての初期の経験が直接保持されるからではなく、相互的影響と発展という力動的プロセスによって強化されるからであるといった循環的精神力動論によって精神分析療法と行動療法の統合を論じている。

また、わが国では村瀬（二〇〇四）が、単なる狭義の心理療法をこえて、生活場面における日常的援助なども含めた個別的、多面的な、さまざまなものの統合としての心理療法について述べている。村瀬（二〇〇四）

によれば、統合的アプローチとは極めて平凡な普通の営みであるが、それを行うセラピスト自身が、バランス感覚をもって、さまざまなことに対する開かれた姿勢を持ち、摂取することを自分のうちに統合してゆく不断の努力を行うこと、そして、自分を相対的視点で考え、自分のスタンスを把握していることが求められ、このセラピストの姿勢があってこそ、理論や技法の単なる総和や折衷に止まらない統合的アプローチが可能になるとしている。

Ⅲ　認知行動療法と共感的心理療法

以下、その目的を踏まえて、認知行動療法に代表される行動変容的アプローチと、個人の心理力動や感情などに焦点を当てた狭義の心理療法的アプローチそれぞれについて、両者の歴史性を振り返りながら、非行臨床との関連について整理しておく。

1　認知行動療法と非行臨床

(a)　H・J・アイゼンクの非行・犯罪観

行動主義心理学の始祖J・B・ワトソン（Watson, 1930）は、心理学が実証科学であるためには、その研究対象を外部から観察、測定することが可能な「行動」にかぎるべきとして、すべての行動は刺激（S）-反応（R）の条件づけ結合で説明されうるとした。

ワトソン（Watson, 1930）によれば、愛情表現や思考活動といった複雑な行動さえも、条件反射の集積による習慣の形成として理解することができ、「人格とは、信頼できる情報が手に入るだけの十分に長い間、実際に観察された行動の総計であり、つまり人格というのはわれわれの習慣の体系の最終産物に過ぎない」とされる。

その後、行動主義心理学は、生体の全体的行動やその能動的、主体的側面を無視しているといった批判が生じ、新行動主義心理学に発展的に取って代わられたが、以上のような学習理論、人格理論によって犯罪行動を解明したのがH・J・アイゼンク（Eysenck）である。

アイゼンク（Eysenck, 1964）によれば、われわれが道徳的に、あるいは法的に認められた様式で行動しているのは、社会的条件づけの賜物であり、その条件づけの成否は環境側の強化の諸要因（とくに親、教師、友人などの働きかけの量と質）および対象者自身の遺伝的規定性の強い条件づけられやすさ（向性や神経症傾向の程度）に左右される。子どもは一般的に、その本来的欲求として乳を吸い続け、好きなところで排便し、攻撃的に振る舞い、性的遊びに耽ろうとする。しかし、これらの行動は親などによって叱責、平手打ちその他の罰をもって禁止され、その行動は恐怖反応として条件づけられる。この恐怖反応が強くなれば、その子どもは禁止される行動を予期して放棄するようになる。しかも、般化の機制によって恐怖反応リストは拡大され、親の期待、やがては社会的期待にそわない行動を回避するようになる。良心はまさに条件反射であり、これが子どもに対する社会的しつけの原理である、とされる。

また、アイゼンクは、行動パターンの発現を支配する人格内の生理学的機制をさまざまな実験データによって解明した。内向-外向の人格類型もその一つであり、内向性タイプは神経系の活動レベルでいえば神経興奮が速く強く形成され、神経興奮の静止が遅く弱い、いわば興奮優位過程で条件づけられやすいタイプであり、逆に外向性タイプは神経興奮が遅く弱く形成され、神経静止が速く強い、いわば制止過程優位で条件づけられにくいタイプである。そして、条件づけがされにくい外向性タイプは、社会的しつけが比較的難しく、非行者の典型的な特徴であるとされる（以上、井上 一九八〇による）。

新行動主義心理学によれば、非行という「異常」行動は、条件づけの不足か条件づけの過剰かで説明され、したがって、適切な反応の獲得あるいは不適切な反応の消去、すなわち「行動療法」によって行動修正が可能となる。この行動療法は、その後、行動面の条件づけのみならず、認知面の修正や変容をも視野に入れた認知行動療法へと発展し、今日、非行臨床におけるより実践的な技法として活用されるに至っている。

(b) 認知行動療法関連の現在

認知行動療法的アプローチは、非行を行動や認知や感情の不適切な結び付きのパターンや、誤った学習の結果とみなすことから、教育やしつけ、発達支援はもちろん、罰や禁圧などの発想にも馴染みやすいアプローチであるといえる。また、その効果エビデンスが比較的明確な形で示され、社会政策的にも納得が得られやすく、精神分析的アプローチなどの狭義の「心理療法」に比較して、修得が容易であり、その効果が短期間のうちに現れやすいなどといった利点がある（井上 一九八〇）ことなどから、非行臨床領域に積極的に取り入れられている手法である。

わが国においても、先述したように発達障害傾向や行為障害傾向の非行少年への治療教育に関する研究の大半が、認知行動療法的接近を推奨しているほか、少年院や児童自立支援施設などの施設内処遇においても支持されている。[(2)]

また、たとえば谷（二〇〇七）は、収容されている少年たちと施設内生活をともにし、少年の対人トラブルや、家庭問題、心身の問題など、日常生活場面を通じて表面化する「認知の歪み」に直接かかわる現場の法務教官が、リアルタイムに認知の修正と強化を行う即時的介入の有効性を、脳科学研究による生物学的根拠も付加し

（2） 現在、たとえば性犯罪者の矯正教育システムに認知行動療法が導入されている（法務総合研究所 二〇〇六）。

て論じている。

なお、トラブルへの即時介入的教育の重要性に関しては、児童自立支援施設の立場から、富田（二〇〇六）も同様に指摘しているところでもある。

認知行動療法の一つに位置づけられるＳＳＴもまた、多くの少年院等において導入されている手法である。ＳＳＴは「職場、学校、家庭等での生活において直面する問題解決場面や危機対処場面を想定し、その対応の仕方を学ばせるためのロールプレイング、集団討議の方法を用いた社会適応訓練」であり、適応的認知の再構成や行動変容などの介入を行い、再犯の防止を図るといった基本訓練モデルや問題解決技能訓練である（角谷二〇〇八）。

また、内観療法もわが国の多くの矯正機関に導入されている手法の一つである。内観は本来、認知行動療法の範疇には位置づけられないが、行動制限や行動指示のもと、これまで人に「してもらったこと」、「して返したこと」、「迷惑をかけたこと」を想起させ、「（現実開放的な）罪悪感を涵養し、（全人的な）認知修正を行う」（竹元二〇〇七）ことを目ざすものであり、治療者が構造化された手法で、倫理的内省の方向に水路づけするという意味では、認知や行動の変容や教育的側面が強いアプローチであるともいえる。この観点からの最近の非行研究として長島（二〇〇八）、土肥（二〇〇七）らを挙げておく。

なお、認知行動療法や教育的アプローチを第一義としながらも、あたたかく共感的な関係のうえで、適切なスキルや問題解決能力や社会的価値観などが身に付いてゆくといった関係性と随伴性の二側面が重要であると論じるものもある（Andrews & Bonta, 1994, 藤岡 二〇〇七など）。かつて、米国で非行少年への有効な治療として一世を風靡した現実療法（Glasser, 1965）などは、それら関係性と随伴性の二原則を前提とした積極的教育や指導がその本質といえよう。

現実療法を提唱したW・グラッサー（Glasser, 1965）によれば、非行、犯罪などの不適応行動は、クライエントが現実世界で自らの欲求を充足し得ない不全感の結果であり、クライエントは現実世界を否定して虚構の中に生きており、したがって治療では、その虚構から現実へとクライエントを引き出し、再び現実に適切にかかわることを可能ならしめることが必要であるとする。そのためには、クライエントとの信頼や共感的な関係のもと、クライエントの責任感のある現実的な行動を評価し、逆に非現実的で無責任な行動を毅然として拒絶し、責任ある行動をとることを徹底して教える必要があるという。そのため、非行少年の治療過程において、相手が責任ある行動をとることができるようになるまでは、ペナルティーを課したり、施設への収容期間を延長するなどして、少年に対峙するという手段も用いられる。この手法は、広い意味での報酬や罰による行動修正法ともいえるであろう。

2　精神分析的アプローチから共感的心理療法へ

(a)　非行臨床における精神分析の意義

以上に述べたように、行動変容的アプローチは非行臨床に適用しやすく、かつ有効な手法であるとされるが、非行を「誤った行動」、「異常行動」とみなす、言い換えれば、排除や矯正の対象である「悪」とみなしているという前提がある。そこには、「悪」を通じての個性化や、生きることにいかに「悪」を統合してゆくのかといった根本的な視座はなく、それゆえ臨床家に対しても自他の内なる「悪」を抑圧することを迫るものであるといえる。[3]

（3）ただし、クライエントの全人的な生きやすさのために、日常の心理臨床に行動療法を「方法」として取り入れようとする立場（山上二〇〇七）などは、この限りではないものと思われる。

他方、どんな人間にも「悪」が潜在するとみなす精神分析派は、犯罪や非行をある種の生育歴と心的力動が重なれば誰にでも起こるものとしてとらえ、非行者への人道的処遇の道筋を開いた（Ellenberger, 1965）。すなわち、非行者をわれわれとはかけ離れた異常な存在として対象化するといった視座から、われわれも「悪」に赴く本能的衝動をもち、悪条件が重なれば誰もが非行者になりうるといった共感的心理療法的アプローチへの架け橋としての精神分析である。

(b)　S・フロイトの犯罪観

精神分析の始祖であるフロイトの人格論は、神経症者に対する治療経験をその基礎としたものであり、非行・犯罪者に特別の関心はなかったとされるが、以下の二通りの犯罪観（Freud, 1923）を残している。

第一に、「人間は生来欲動的で、そのまま放置すれば性と攻撃の衝動のままに行動するはずであり、その意味では生来的に犯罪性をもっている。であるから、父親殺しと母親との近親相姦というエディプス願望の処理如何が、人をして現実の犯罪者たらしめるかどうかの重要な課題となる。ここでエディプス葛藤の克服を、父親殺し願望の放棄と父親との同一視に求め、それに成功すれば、健全な社会生活に必要な超自我を獲得することができる。父親との同一視に失敗し、超自我の形成が未熟なままでイドと闘う自我を十分援助できない状態にあるのが、犯罪者の人格の特徴である」というものである。これはすなわち、非行は本能的衝動が自我の弱さや超自我の形成不良によって未変容のままに行動化するという観点である。

第二に、「正常者といえども、エディプス願望にかかわる罪の意識からは生涯完全に逃れることはできず、つねにその罪障感に悩まされ、その軽減を念じ処罰されることを希求しており、そのため、ことに被罰欲求の強い人にあっては、わずかの機会的刺激で犯罪を犯すことになる。かくして、罪障感は犯行の結果でなく動機である」というものである。これは、本能的衝動とその禁圧に由来する心的葛藤が神経症的に表出するという観点である。

フロイトの第一、第二の犯罪観のいずれもが、人間の生来としての「悪」という前提と、「自我」の相対的弱さを強調しており、特に第一の観点が後世に受け継がれ、自我心理学派や対象関係論派、関係療法派などのそれぞれの立場から、非行者に対する精神分析的アプローチがさまざまな形で発展していった。

(c) 非行臨床における精神分析的アプローチの発展

A・アイヒホルン（Aichhorn, 1941）は、ウィーンの浮浪児施設において、激しい破壊性を示す「手におえない子どもたち」は、両親との好ましい情緒的関係を経験しておらず、本能発達上の快感欲求や破壊衝動の挫折を十分体験していないといった問題があるため、治療方針として、施設治療における徹底的な許容的条件のもとで、十分にその衝動を満足させるとともに、その行動の結果を自ら体験させることが望ましいとした。同時に、本能的エネルギーの昇華ないし補償を目指す過程で、子どもたちのなかに理想自我を育てることを重視し、理想自我は、子どもが特定の大人に対して積極的な感情転移を行い同一化しようとする試みを通じて、自らのうちに形成されるものであり、ゆえに治療者は父親代わりを期待され、同時にすぐれた人格が要請されるという。

アイヒホルンは、それらの前提のうえで、治療施設内において他児にナイフを突き刺そうと威嚇する子どものケースを挙げ、それが代償的行為であることを治療者が見抜き、平静かつ許容的な態度を保つことによって、子どもを本能的欲望の挫折とその昇華へと水路づけした例を示している。

K・フリードランダー（Friedlander, 1947）は、生後数年間の親子関係が著しく疎遠であったり歪曲されたものであると、現実原則に従う自我が弱くなり、本能的な衝動の奴隷となるとともに、超自我の発達が阻害され、反社会的人格が形成されるとする。したがって、非行の治療とは、本能的エネルギーを社会的に認められる形で発散させることであり、そのためには性格形成の初期の親子関係、ことに母子の情緒的関係を、転移関係を使って再現し再構成することから始められ、新しい人間関係の経験のなかで、本能的エネルギーの発散様式の修正、特に昇華による発散を学ばせることが望ましいとした。

F・レドルとD・ワインマン（Redl & Wineman, 1957）は自我心理学派の立場から、非行は子どもの自我障害の症状であり、治療は自我機能を支持、強化することであるとする。レドルらは、そのための処遇プログラムや技法を開発し、家屋の配置から家具、玩具の選択に至るまで治療的配慮がなされた非行児童のための施設治療を行った。非行児童には通常の時と場所を定めて行う分析面接は不向きで、彼らが問題をおこした際、即時的に分析を行うべきであるとして生活場面面接（life space interview）を取り入れ、その際の技法の選択も、対象児の自我の障害のありように合わせて行うという融通性を持たせた。

具体的には、外界の現実を認知する機能の弱い児童に現実原則を擦り込む「擦り込み面接」、適量の罪障感を意識に絞り出して自我に対する影響力を強めたり、逆に、罪障感が流出しすぎて攻撃性が出ているとき、自我が有効に機能するまでそれを抑えたりする「罪障感しぼりだし面接」、感情を言葉で表現することによってカタルシスの機会を与える「表現的面接」、イドの防衛パターンを崩し事実に直面させる「対抗面接」、本人の気づいていない無意識の動機や心理的機制を解釈する「解釈面接」、弱い理想自我に働きかけ強化する「理想自我促進的面接」、以上に挙げた技法をグループ面接に援用する「グループ面接」などといった手法である（以上、井上一九八〇による）。

対象関係論派のM・クライン（Klein, 1934）によれば、非行・犯罪行動の原因は超自我の過度の厳格さにあり、子どもは両親に対して攻撃的な衝動や空想を抱き、それらを両親に投影し、同時に取り入れのメカニズムによって内在化され成立した超自我は、いつも子ども自身を脅かし不安にさらすものとして体験される。そうした脅かしや不安が激しいほど、子どもはそこから逃れるために対象を破壊しようとするが、これは同時に不安の増大を呼び起こすという悪循環を生む。犯罪行為はそのような圧倒的な不安から逃れるための攻撃性が、現実場面の中に行動化されたものであるとされる。

D・W・ウィニコット（Winnicott, 1956）は、反社会的傾向があるところには真の剝奪があり、剝奪された子どもの基本的特徴は希望の喪失であるとする。だからこそ、反社会的行動は希望の表現であり、子どもが自分の状況を外傷前の状態に戻そうとする試みなのであり、したがって、適切な治療は精神分析ではなく、治療者の側で子どもの希望の瞬間をとらえ、それに合わせるようにすることである。また、対象に対して希望だけではなく、落胆をも体験でき、自分の中でそういった感情を咀嚼できるようになることも大切であるとする。

わが国の非行臨床実践において、クライン、ウィニコットら対象関係論派の非行観を重視する立場は少なくない。たとえば、河野（二〇〇三）は、非行少年たちの罪悪感の希薄さは、自分の行った非行行動が自分自身や周囲に与えた影響について考え、そのことを反芻して抑うつ的罪悪感を持つだけの自我の発達が十分になされていないことによるとみなし、非行少年を理解するためには、彼らの抑うつ態勢の成熟度、つまり「抑うつに耐えられる能力」がどれだけ発達しているかを把握することが重要なポイントとなると述べる。

羽間（二〇〇五）は、内的対象関係の分裂が主要な心理的問題である十七歳の男子少年の、保護観察不良による「戻し収容」手続きとその後の施設内処遇のプロセスにおいて、少年が少年院によるコンテイン機能のもと、内面に向かう作業をなしつづけ、抑うつ態勢に至るまでの心理的成長を遂げたといえるプロセスを報告している。

佐藤（二〇〇六）は、家庭裁判所調査官という立場から、補導委託付試験観察の十八歳男子非行少年の援助実践報告を行い、再犯を重ねる困難な非行少年に対しては、現実世界、外的世界のみを取り扱う処遇では効を奏さず、少年の対象関係に視点を向け、これを適切に援助することが大切であるとして、援助者や補導委託が「抱える環境」として機能し、非行少年が抑うつ的な心の痛みを持てるようになりつつも、権威による迫害的な罪悪感の増幅という悪循環という落とし穴に配慮することの重要性について考察している。

(d) 精神分析から共感的心理療法へ

精神分析派のW・ヒーリー（Healy & Bronner, 1936）は、徹底した非行臨床事例研究をもとに、愛情欲求の阻止や妨げ、親の不和、家族の問題、劣等感、不幸感、心理的葛藤による混乱などの「情動障害」を、何らかの形で克服して自我が生きのびようとする子どもたちの試み、つまり自己実現の形を変えた表現こそが「非行」であるとみなし、非行少年の精神的葛藤や情緒的苦悩を共感的に理解する心理力動的アプローチが不可欠であることを主張した。

合わせて、非行少年の内的世界の理解や治療援助の方針の基盤として非行少年の語りを重視し、非行少年が心の内を語れるようになるための、共感的なセラピスト-クライエント関係を築ける能力や知識やスキルを、非行臨床における重要な専門性と位置づけた（Shaw, 1930）。

精神分析療法から派生し、個人内の心的構造や心理力動を超えて、セラピストと子どもの情動的関係を重視する関係療法（Relationship Therapy；Taft, 1933）も、当時、非行少年の治療援助に大きな成果をあげた。関係療法派によれば、「すべて子どもは自分自身の力で成長し、一人前の人間になる力を持っている。人間というものはたとえ過去にどんなことがあったにせよ、自己自身の中に潜在的な能力を持っているものであって、この力を創造的に生かして行きさえすれば、現実の生活に十分に適応してゆける。一方で人々の欲望でもあり、一方で恐怖の標でもあるこの生命力を象徴的に示す人物が治療者であり、治療は、治療者が患者の持っている自己回復の希望を授ける人物として立ち現れるときに開始される。ただし、治療においては、子どもが自己自身の裡にもっていながら、今まで有効に利用し得なかったエネルギーを生活の中に生かそうと自ら決意することが必要である。ゆえに治療は、治療者と子どもの暖かい人間関係が保たれていてはじめて有効である。一番大切な現実は、この二人の人間関係の中にある。心理治療家が有能であればあるほど、より自然にかつ人間的にこの関係性を実現している。子どもが治療によって、この生きた変動しつつある世界における自己の価値を知ったとき、彼の興味の焦点は過去の束縛から解放され、まっすぐ前方に向けられる。そこには責任の哲学が確信されており、人間性に内在する尊厳性が深く信頼されている」（Allen, 1942 より筆者要約）とされる。

このような関係療法派による治療姿勢は、当時、児童相談所で子どもたちの問題行動への心理援助に従事していたロジャーズに強い影響を与えた（Rogers, 1939）。ロジャーズは後に非行臨床からは離れていったものの、非行傾向のある子どもたちやその親たちへの関係療法的アプローチは、後の来談者中心療法として結実していった。

(e) わが国におけるヒューマニスティック・アプローチ

以上に述べたように、精神分析的アプローチは非行少年に対する共感的心理療法の礎となり、その基本的視座は、「悪」を為し、モラルに乏しく、悩んでいないように映る彼らの表面像の奥底には、実は悩み、苦しみ、不遇などが潜在しているといったヒューマニスティックなまなざしであり、それら人間的な情緒に深く共感してゆこうとする姿勢である。これはとりもなおさず、人間の本性から「悪」を排除しない、そして、臨床家自身の「悪」への性向や「心の闇」を抑圧せず、逆にそれらを非行者とわれわれをつなぐものとして生かそうとする姿勢である。

石川（二〇〇七、二〇〇八）は、更生や社会復帰という共通の目的に向かって治療者と少年が対話という共同作業を続けるという治療関係のなかでこそ、両者の心が出会い、信頼感が生まれ、両者が共鳴し共感し合い、このような魂の触れ合いこそが、少年たちにとって非行からの立ち直りの転機となると述べる。また、そのような人間的な相互作用から生まれ出て、両者により共感的に吟味され納得された体験的知識をもってすれば、精神療法は治療のみならず原因究明にも有効であると主張する。

青島（二〇〇六）は、自らの価値観や道徳を相手に押し付けることなく、非行少年の内面深くに踏み込み、内面からの変化をうながす共同作業こそが精神科医の役割であるという。そして、精神療法は少年自身が持っている無意識の欲求や正直な気持ちを自分自身で認識していく作業であるとともに、彼らがみずからの責任と意志を自覚し、犯罪行為に至った自分自身を振り返り、その結果を背負って生きていくための手助けをすることであり、治療者に問われているのは、みずからの存在意義と生命をかけて加害者と向き合い、彼らの罪と向き合い、彼らを受け止めることであると論じている。[4]

小倉（二〇〇八）は、治療者が非行少年に対する精神療法を志した動機を、個人史や個人的な体験を振り返って、深くしっかりと内省を深める必要があると主張する。非行少年と向き合っていて治療者自身の内面に沸き起こってくるものや、そういう自分とどのように付き合ってきて、何が救いとなったのか、それらの体験が今の自分にとってどんな意味を持つのかなどを考えること、あるいは、非行少年と向き合って挑発されたり脅威を感じたり怒りを覚えたりする援助者自身の内的作業などをも含めた共同作業こそが、精神療法を構成する相互的・全

（4）なお、青島（二〇〇六）の治療観は、以下のとおり精神療法とモラルや規範の問題を明確に区別する立場にある。「精神科医というのは自分の価値観や道徳を患者に押し付けてはいけないのだと信じている。これは犯罪行為に対しても例外ではない。人を殺してはいけないと教えるのは精神科医の役割ではない。医師の役割は患者の内面深くに踏み込み、患者の内面からの変化を促すことである。これに対して、倫理的なこと、社会に適応するためにはなにが必要なのか、どう振舞うべきなのか、という外側の枠作りをするのが教官の役割である。一つの行為の裏に、人はさまざまの思いを内包している。その思いを受け止めていることを示しながら、どんな理由があってもやってはいけないことはいけないという外側の枠作りをすることは、言葉で言うほど簡単なことではない。そして、一人の人間が内面からの変化を促す役割と、外側の枠付けをするという両方の役割を受け持つのは困難な作業である。非行少年に行う治療とは道徳や生き方を教えることではない。彼らが自らの責任と意志を自覚し、自分の行為の意味を考え、犯罪行為に至った自分自身を振り返り、その結果を背負って生きていくための手助けをすること、理想論ではあるが、彼らが自分独りでそれを背負う覚悟と力がつくまで、可能であればその荷物を一緒に担ぐ共犯者になれればと、願っている」。

人的なやりとりであり、そのうえで非行少年についての深い理解や人間としての苦悩や、どうにもならなくなって追い詰められていった道程についての洞察などが明らかにされる必要があると論ずる。

以上のような、いわば深い人間観に支えられたヒューマニスティックな心理療法的接近は、社会防衛や矯正教育といった方向性との内部葛藤を孕みながらも、非行心理臨床において決して軽視できない視座であり、特にわが国の非行臨床実践においては根強い支持を得ているものでもある。

Ⅳ　おわりに

本章においては、研究者や臨床家のいわば「内なる悪」というものを見据えて、過去から現在に至るまでのランドマーク的な非行研究や非行臨床理論を、その特質と歴史的変遷を踏まえたうえで整理した。次章以降の臨床事例を素材とした実践研究においては、本章で言及した矯正指導や行動変容的手法から共感的心理療法に及ぶ多様なアプローチが非行臨床の実践上いかに統合的に活用されうるのかという観点が踏まえられることになろう。[5]

また、行動変容的接近にしても、心理療法的接近にしても、個人の心理や行動面、あるいは、せいぜい治療者と対象者との関係性を重視するにとどまるものである。しかし、非行は家族や生育環境、交友関係や地域環境な

（5）しかし、これまで述べてきたこととも関連するが、その際の内部的葛藤の解消や統合的アプローチの実践はそれほど容易なことではない。非行臨床実践を経てクライエント中心療法を発展せしめたロジャーズが、後に非行臨床を特殊なものと位置づけ、そこから距離を取るようになった（Rogers, 1942）ことも故なしとしない。

どを背景にして生ずるものであり、個人の問題としてのみならず、さまざまな人間関係システムに着目して非行理解や臨床実践を行う必要性が当然考えられる。

本書においては、家族システム療法関連については第5章で言及されるが、社会学的観点からの非行理解については触れられない。ちなみに、非行理解に関連する社会学的理論としては、現在までに、アノミー理論(Merton, 1938)、ラベリング理論(Tannenbaum, 1938)、分化的接触理論(Sutherland & Cressey, 1960)、社会解体論(Shaw & McKay, 1942)、サブカルチャー理論(Cohen, 1955)、中和理論(Sykes & Matza, 1957)、社会統制理論(Hirschi, 1969)、社会学習理論(Akers, 1985)、ライフコース研究(Sampson & Groves, 1989)、犯罪一般理論(Gottfredson & Hirschi, 1990)、一般緊張理論(Agnew, 1992)などの知見が次々と示され、各理論の妥当性を検証する調査研究なども多くなされてきている。

最近のわが国においては、社会統制理論やライフコース研究に関する引用が比較的多くみられるが、それら社会学的要因を単独で取り上げるというよりもむしろ、そこに個人の発達、特性、家族関係などを複合させて非行の要因をとらえようとする多次元的な研究がやはり主流になってきている。

第3章

心理臨床の原動力となるものとそれを援助的にせしめる要因

——ある非行事例を通じて

I　問題と目的

本章は、一般の心理臨床と非行臨床の本質は決して異なるものではなく、そこに立ち会う心理臨床家の真に共感的なありようや深いコミットメントなどに支えられた治療援助的二者関係により、子どもたちが非行の背景にある「不幸」を抱えたり、乗り越えたりしながら、みずからの人生に責任を負い、個性化の道を歩んでゆけるようになるのではないかという視座からの事例研究である。

また、実際問題として、そのような意味でのセラピストの積極的なコミットメントや治療援助的な二者関係の実現は、言うにはたやすいが行うには相当に難しく、セラピストの精神的労力はもちろん、その他さまざまな要因が影響するものであろう。したがって、それらを単なる理念的なものに終わらせず、臨床実践に体現させてゆくためには、セラピストに困難な心理臨床的援助を遂行させる原動力となるものや、それを実際の臨床場面で援助的にせしめる要因などについての論考が不可欠といえる。

とりわけ、非行心理臨床は「悪」を為した者が援助対象者であり、そこに本人の改善意欲や来談意欲が十分に伴うことはなかなか期待できず、セラピストの陰性感情が喚起されやすい心理臨床実践である。反面、非行を犯す子どもたちの中には、不遇な生育歴や幸薄い家庭環境を抱えているものが多く、同情や哀れみ、あるいは何とかしてあげたいといった援助欲求が賦活されやすい面もまたあるといえる。

つまり、非行臨床においては、「悪」そのものや「悪」を為した子どもたちへの陰性感情および同情や救済欲求などといった相反する感情が引き起こされやすく、一般の心理臨床実践以上に、セラピストとクライエント双方の心理的援助への動機づけや意欲、あるいは両者の二者関係のありようやその質が問われているといえる。

したがって、心理臨床の原動力となるものや、それがいかにして援助的でありうるかといった心理臨床の本質的な問題を論考するうえで、非行臨床はまさに適切な素材であるといえよう。なお、その際には、第1章で言及された「悪とは何か」、「幸不幸とは何か」、「援助とは何か」などの人間存在にかかわる根源的なテーマが深くかかわってくるであろう。

本章では、以上の論点を踏まえて、筆者が心理臨床家としてのアイデンティティーをなんとか確立しようと、一般の心理臨床と非行臨床の本質的共通性を強く意識していた初心時の事例をあえて取り上げる。若い初心者ゆえの熱意や思い入れとともに、限界や危険も多いセラピストの援助姿勢を改めて振りかえることによって、非行臨床においても、「深い」コミットメントや二者関係が有効であるのか否か、それらの原動力となるものは何であり、「真」に援助的であるとはどういうことなのか、仕事としての心理臨床実践とはいかなるものであるべきか、そして、「悪」というものをどう心理臨床に位置づけたらよいのかなどといった問題を考察する。

II　事　例（本質を損なわない程度に改変している）

［クライエント］　A子　十七歳

［生育歴、家族、援助に至る経緯等］

A子の父は元暴力団関係者。母との結婚後も酒におぼれ、稼ぎが少なかったうえに、何か気に入らないことがあると、すぐに母に当たり散らし暴力をふるっていた。生活費に困った母はスナックに働きに出たが、母と男性客との関係を疑う父の暴力はますます執拗になり、生傷や骨折が絶えなかった。A子の兄を身籠ったときには、腹を蹴られ流産寸前となり、救急車で病院に運び込まれた。

その後も、父の激しい嫉妬や暴力は収まる気配を見せず、内心密かに離婚を考えていた母は、「間違い」でのA子の妊娠に落胆し、A子の出産はただただ苦痛でしかなかったという。

A子が三歳のとき父母が離婚。兄妹は母に引き取られたが、A子は連日のように兄から殴られるようになった。母親もそれに手を余したため、A子は五歳のときに母方祖母宅に預けられた。数年後、再び母、兄と同居したが、兄の暴力は依然として繰り返され、この頃、初めて駄菓子屋で袋菓子を万引きした。

中一の後半頃からは、夜遊び、家出、万引き、シンナー吸引などを連日のように重ねた。初めての性体験は、「シンナーを吸って朦朧としているときに、遊び仲間から無理やりやられた」(A子)。中二のとき、家出中にシンナーを吸っているところを警察に保護され、児童自立支援施設に措置された。

中学卒業と同時に施設を出て、故郷遠く離れたある会社に住込み就職したが、じきに同僚と殴り合いの喧嘩をして寮を飛び出し自宅に戻った。直後から、地元の仲間とシンナー吸引や万引きを重ね、少年鑑別所を経て保護観察となった。しかし、その後も問題行動は収まらず、暴力団員まがいの者も含めた不特定多数の男性と性交したあげく妊娠中絶するなど、ますます行動が荒れていった。そのため、再び少年鑑別所に入れられ、家裁調査官であった筆者が担当となった。

[面接経過]

#1　X年8月10日(少年鑑別所での面接)

A子は、浅黒い肌で、やや太目の体型。器量にも決してめぐまれているとは言いがたい。自分の都合のよい質問には、好き勝手にべらべらと答えるが、耳障りな質問には、ふてぶてしく反抗的な態度に変じる様子からは、反省や更生意欲らしきものはまったくうかがわれなかった。そのため、筆者(以下、セラピスト)は、A子のような生育歴や非行歴を持つ者には有力な選択の一つである少年院もやむをえないという思いを強くした。

内心そのような結論めいたものが固まってからは、Ａ子の場をわきまえない言動も自己中心的な語り口も、それほど気にならなくなっていた。むしろ逆に、Ａ子に反省を期待する気持ちが薄れ、善悪やモラル的な評価抜きに、Ａ子の有り体の言動に添うような対応であった。しかし、そのことによりＡ子はどうやら逆にセラピストに対する親近感を持ったらしく、次第に自らの心情を率直に語るようになっていった。

セラピストは徐々にＡ子の話に引き込まれていき、Ａ子が小さい頃のある一場面を回想したことで、当初の少年院という方針が揺らぎ始めた。「お母さんは毎晩、深夜まで家に帰らず、一緒に帰りを待つお兄ちゃんからは、いつもいじめられていた。夜中、お兄ちゃんからバットでお尻を何度も叩かれ、玄関先でうずくまっていたところに、酒の匂いをプンプンさせた母さんがよろけながら帰ってきて、『こんなところに寝っころがってるんじゃねえ』と腫れたお尻を踏みつけていった」と語るＡ子に対して、セラピストが当初感じていた否定的な思いはすっかり消えうせていた。面接を終わってセラピストは、当時、我が身が抱えていた「不遇」――それは自分の責任で起こったものではなかったが受け入れるしかないもので、人生の不平等さを実感させられるものであった――をふと思い出していた。

＃2、＃3　X年8月17日、25日（少年鑑別所での面接）

前回の面接以降、セラピストはＡ子の生まれながらに背負ったとしかいいようがない「不幸」が頭から離れなかった。「世の中にこんな不公平があっていいのだろうか。いったい神というのは本当に存在するのか。Ａ子をこのまま簡単に少年院と結論づけてしまうことは、さらにＡ子にいらぬ重荷を負わせることになりはしないか。今、自分がこうしてＡ子と出会ったのも運命のはからいだとすれば、これまでＡ子が犠牲にしてきたものを、少しでも回復できるようなことをするのが、自らに与えられた仕事なのではないか」などと、あたかも「神に対する意地」のような思いが強くなっていた。

続く面接で、A子はそんなセラピストの心の内を知ってか知らずか、淋しかった子どもの頃のこと、施設での自由のない生活、妊娠中絶したときには辺りが血の海になって、今でもよくその夢を見てうなされることなどなど、決して思い通りになることがなかった自らの来し方についてしみじみと語ってくる。

セラピストは、A子を補導委託（家庭的に恵まれない子どもたちを提携の委託施設で生活させながら、一定期間、心理的な援助を継続する制度）にしようという決意を固め、「母親に代わるもの」として、A子を「慈しんで」くれるだろうという思惑から、あるキリスト教会が運営する自立支援を目的とする母子寮へ預けることにした。

#4　X年9月5日

A子を母子寮に連れていく。キリスト教が母体というからには「きっと優しく受容的なところだろう」というセラピストの想いはむなしく、実際は、はるかに沈鬱で堅苦しい雰囲気。施設の責任者であるB先生と、A子の担当である女性のC指導員（以下、C先生）の前に通されるや否や、B先生は強い口調、厳しい態度で寮の規則をA子に諭し、C先生もその一つ一つに深く相槌を打ちながらA子を厳しい目で見つめる。あたかも、機先を制して非行少女であるA子を威圧するような雰囲気を肌で感じ、見えない何かに締め付けられているような重苦しい気持ちで時が経過する。

最後に、B先生がダメを押すかのごとく、既に所持金を差し出したはずのA子に、「隠しているお金を出しなさい」と迫り、間髪を入れずにC先生が「早くしなさい」と追い討ちをかける。はたして、僅かなお金を隠し持っていたA子は、「自分のお金なんだから渡せない」と、小銭の入った封筒をくしゃくしゃになるまで握り締める。自分までが咎められている気持ちになったセラピストが、何とかその場を収めようと、「とりあえず預かっておくよ」と申し出て、A子が渋々封筒を差し出すが、重苦しさがさらに募る。

面接を終え、二人で階上の居室に向かう途中、セラピストは「まったく嫌になっちゃうなあ」と独り言ともつかぬ声をA子に投げ掛ける。先行きがたいそう不安で足取りも重かったが、居室がある階に辿り着くと、夕日で真っ赤に染まった山の端が見え、A子が「わーっ」と感嘆の声をあげたことで、少し安らいだ気持ちになる。

数日後、電話でA子の様子を尋ねると、「けじめがまったくなく、礼拝の時間に下品なことを罵ったり、お金をしつこくせがんだりするので、職員一同、閉口しています。反省文の提出もなく、こちらもだいぶ試されているという感じがします」というC先生の苦い返答。

セラピストは「A子は試しがいのある人しか試しませんから」と、それでも何とかA子の面倒を見てほしいという気持ちを間接的に伝えるのが精一杯であった。

♯5　X年9月18日

A子は、「早く寮から出たい。精神的におかしいおばさんがいて、もう気が狂いそう。アルバイトの面接にも落ちてしまった。最近不吉な日が続く。別の家裁から未成年の女の子が一人来たが、その子は煙草を吸うなら決められた場所でと言われている。なのに、私は禁止されていて不公平だ。煙草を吸ってもよいというセラピストの許可がほしい」といらいらとした口調で訴える。

セラピストは「煙草を吸ってもいいとは言えないが、吸ったからといってそれで悪い評価をするつもりもない。それはあなたが考えて決めなさい」と答えると、A子は「そんなこと言って、私が煙草を吸ったら、少年院に入れるつもりでしょう」と食って掛かる。

セラピストは何か一人取り残されたような、むなしさとも悲しさともつかない気持ちになり、「そんなことするわけないじゃない……」と半ばひとりごとを口にして押し黙る。しばらくの沈黙が経過して、A子は、「誰かに心を開くということは難しいですよね」と、そして更なる沈黙の後、「お母さんとのこともう諦めてる。一生良い関係は作れないと思う」と静かに話す。セラピストは感情を込めてそれに同意し、さらに、「煙草の許可のことを聞いてみようか」と持ちかけると、「どうせ駄目だからいいです」とあっさりと断られる。

続いてC先生と面接。「A子ちゃんは最近では私ともだいぶ慣れてきて、私のことを『お母さん』と呼び、べたべたと甘えてきます。いろいろ苦労も多いですが、この前、セラピストが『この子は試しがいのある人しか試しませんよ』と言ってくれたことに力づけられて、私も何とか頑張っています」と話す。その言葉を聞いて少し救われた気がした。

#6　X年9月24日（A子から突然の電話）

電話口でA子は、「カッとなって寮のガラスを殴り割ってしまった。もう、こんなところにいたくない」と泣きじゃくりながら繰り返す。B先生に事情を尋ねると、前日、皆で外出したときに、もう一人の（煙草の）女の子を連れ出して別行動を取り、街で声を掛けられた若い男性たちとカラオケに行き、門限ぎりぎりになってその男たちの車で帰寮した。そのため、A子に反省文を書くよう指導し、その提出を迫ったところ、怒ってガラスを叩き割ってしまったという。

B先生は「もし近くに幼児がいたら大変なことだ。これまでセラピストの言うことを聞いて、A子を信じて何事も大目に見てきたが、まったく裏切られた。悪びれた態度一つせず、かえって居丈高になって辺りを闊歩する始末だ」との剣幕。

セラピストは翌日に施設に駆け付けることを約束し、A子には「よく寮に帰って電話をくれた。やりきれないかもしれないが、明日まではどんなに辛くとも自棄を起こさず待っているように」と伝える。A子は「わかった……」という頼りない返事。

#7　X年9月25日

セラピストは何がなんでも、ここでA子を挫折させたくないという思いにとらわれるあまり、前の晩はほとんど眠れず、施設に向かう電車の中でも、どのようにA子とB先生を説得しようかということだけで頭が一杯になり、車内に眼鏡を置き忘れてしまった。

心配しながら施設に駆けつけると、A子は既に荷物をまとめている。「もうノイローゼになりそうだ。絶対にここを出る。その日は『変なおばさん』が私の過去や家のことをいろいろ聞いてきて、凄く腹が立ち、殴ってやろうと思ったが、必死で堪えた。もうこれ以上、顔を合わせたくないと思い、もう一人の子を誘い別行動をした。何度もこのまま逃げ出してしまおうと思ったけれど、頑張って思い直して寮に帰った。門限は守った。けれども、私ばかりB先生に責められて、反省文を提出しろとか、挙げ句の果てに『勝手な行動をするんじゃない。あなたが何をしても、こちらには警察がついているんだ』などという脅し文句まで言われた。それならこっちにもやり方があると思い、ガラスを拳で叩いたところバリンと割れてしまった（B先生がその場を離れようとし、入れ替わりにC先生が近くに来たときに叩いたという）。もう気が狂いそう。少年院でもなんでもかまわない」と声を張り上げる。

セラピストは「よく今日まで頑張ったと思う。でも、どんなに大変でも、今は絶対にあきらめるわけにはいかない。とにかく一緒に頑張るしかない。またすぐここに来るから一緒に頑張ろう」と、あたかもセラピスト自身の気力のようなものが、A子に乗り移らんかのごとくに訴える。しかし、A子は「もう嫌だ、もう嫌だ」と、まったくとりつくしまもない。

続いてB先生に奥のひっそりとした応接室に通される。B先生は、堰を切ったように「A子には裏切られた。このままでは他の入所者にも迷惑だ。だいたい自分の置かれた立場を何だと思っているのか。セラピストもA子の顔色ばかりうかがって甘すぎる。A子の指導には限界がある。もう、委託は打ち切らざるを得ない」と、うかがいしれるA子の家庭の問題や発達の問題を少なからず指摘し主張する。

追い詰められたセラピストは「A子の状況は、入所当時と比べれば、確実に良くなっています。他人を殴りたいのを我慢することもできたし、門限を守って帰ってきたことなどはこれからの立ち直りにとっては大変意味のあることです。また、C先生との信頼関係も芽生えてきています。A子のような生まれながらに苦労の多い子は、何度も大人を裏切りながら少しずつ良くなって行くのであって、今が一番大変なときだけれども、今を乗り切れさえすれば、きっと何とかなると思います。家庭や発達の問題のせいにしてしまえば、これほど楽なことはありません」と強い口調で応戦する。

しかし、B先生はごく冷静に、「そうは言っても本人の自覚がなければねえ。ちょっとA子の意向を聞いてきます」と立ち上がる。セラピストも従おうとすると、「セラピストが一緒だと本人も本心を答えづらいでしょうから、ここで待っていてください」ときっぱりと制止される。一人残されたセラピストは「もうこれまでか」と思いながら、壁の十字架に掛けられたイエス像に「どうかこの子のために力をお貸しください」と思わず祈る。

セラピストが体をこわばらせながらB先生の帰りを待っていると、なんとA子は「ここでくじけたら私は一生立ち直れない。ここで頑張る」と答えたという。B先生はC先生にも意向を問うたが、「私個人としては、A子ちゃんとの信頼関係も芽生えてきたように思えますし、できるならばもう少し頑張ってみたいと思います」と答えてくださったという。

施設を後にする際、セラピストはA子に「助かったよ。どうなることかと思ってた。またすぐ来るから、それまでなんとか頑張るように」と伝えると、「へへへ」とひそやかに笑う。

#8　X年10月3日

A子は表情も穏やかで、落ち着いている様子。翌日からファミリーレストランにアルバイトに行くのだと言葉がはずむ。「以前にもファミレスで働いたことがあり、慣れているから大丈夫」、「もう私は自棄は起こさないよ」などと自信ありげ。「調子良すぎる」と思いながらも、少し安心する。

#9　X年10月中旬

C先生によれば、A子は毎朝8時に寮を出て、門限までには必ず帰ってくる。仕事は真面目にやっているようで、よく面倒を見てくれる先輩もいるようだとのこと。初めてもらってきた給料を預けなさいと言ったら、A子が「嫌だ」とゴネたので、「決まりが守れないならここを出ていきなさい」と厳しく言ったところ、少しふてくされた顔を見せたが、『私はもうガラス割ったりはしないよ』とお金を差し出してきたという。また、A子は最近よく礼拝堂に行って、一人で祈ることが多くなったという。

#11　X年11月中旬

A子は明るい表情で、「私は皆よりもよく気が付き一所懸命に仕事をするので、職場でも信頼されている。若い女の子は私一人、職場のアイドル的存在で、私のファンの男の子が多い。ふふふ。いずれこっちでアパートを借りて住みたい」と話す。

C先生は、「A子ちゃんは毎晩くたくたになって帰ってきます。職場では一所懸命働いていることは間違いないと思います。男性には見境がないところがあり不安ですが、以前に比べれば、生活が見違えるほど落ち着き、いままで多少、枠を緩めてもA子ちゃんを受け入れようとしてきたことが、ようやく報いられてきたなという感じです。私も立場的に、この子のことでは他の職員から非難されるなど大変なんですけども」と小声で笑いながら話していた。

#13　X年12月中旬

A子は数日前から風邪をひき、それがC先生にもうつってしまい二人で苦しんでいるが、A子は風邪を押して頑張って職場に通っているという。A子とは正月の帰省について話し合い、大晦日に地元に帰り、正月は母と過ごし、帰寮予定の1月3日午後2時、地元の駅で乗車前に会うということを約束した。

#14　X＋1年1月3日

約束の時間になっても改札口にA子の姿は見えず、母に電話をすると、正月は友達の所を遊び歩いていたが、二〇分ほど前に帰宅して駅に向かったという。母は、A子を心配してというよりも、セラピストに迷惑を掛けられないといった様子で、すぐに駅まで駆け付けてきたが、三〇分を過ぎても一向に姿を見せないA子に業を煮やし、「どうせ来るはずありませんから、もう帰りましょう」と持ち掛けてくる。

セラピストが「きっと来ると思います。もう少し待っています」と返答してから一五分くらいして、A子が息せき切って現れた。遅刻したことを謝りながらも、「今、友達と一緒にいるので明日帰りたい」と言うので、「それは認められない。ただし、一時間だけ時間をあげるから、友達に挨拶して帰る準備をしておいで」と答える。大きな荷物を両手に抱えたA子を電車に乗せたのは、その約二時間後であった。

♯18　X＋1年3月下旬

A子は、風邪で二日仕事を休んだ後に出勤した際、上司から日頃の勤務態度を咎められ、事実無根と憤り仕事を辞めてきてしまったものの、すぐにガソリンスタンド店員として再就職する。

C先生は、「A子ちゃんは、精神的にはまだまだ未熟だとは思いますが、仕事を辞めざるを得ない事態になっても大きく崩れることなく、大分、成長の跡が見られます。言葉遣いも良くなり、その後の生活も落ち着いています。ガソリンスタンドには朝7時に出掛け、門限ぎりぎりに帰ってきますが、門限を破ったことは一度もありません。職場は同世代の未成年者が多く正直言って心配ですが、帰寮したときの真っ黒に荒れている両手を見ると、よく頑張っているなと感心します。私と一五分くらい話をしてすぐに寝てしまいますが、短いながらもコミュニケーションは保たれています」という。

♯22　X＋1年5月下旬

C先生によれば、数日前にA子の母が来て、「相変わらずお金（アパートの準備金）ばかりせびって」とA子に辛く当たり、そのまま怒って帰ろうとしたので、C先生がなんとか間を取り持ったとのこと。「お母さんが、A子ちゃんの成長を認めず、以前のように今回もお金ばかりせがんでいると受け取っているようで、A子ちゃんは本当によく我慢したと思います。悔しいのをこらえてしばらく部屋で一人泣いていましたが、その後、礼拝堂でお祈りをしていました。その後は落ち着いているので心配はいりません」という。

A子に聞くと、「ガソリンスタンドの常連客に不動産屋がおり、近くにアパートを探してもらっている。お母さんは最初、私がお金ばかりせがむことに怒っていたが、アパート生活には賛成で、結局、最初の準備金は出してくれると言っていた。前より少し優しくなった感じがした」という。

セラピストは、自分もA子も大変なときに神様に助けられたので、最後にA子を誘って一緒に礼拝堂にお祈りに行こうかと考えたが、ふと思い直して、施設の玄関を後にしてから壁越しにしばらく頭を下げ、おもむろに帰途に着いた。

III　考察

1　心理臨床的援助の原動力となるもの

本ケースにおいては、「望まれず」にこの世に生を受けたA子が、母からも兄からも虐待に近い扱いを受けてきたという過去を生々しく聞いたことをきっかけに、セラピストの個人的な体験に由来するある感情が刺激され、世の中に厳然と存在する「不平等」や、子どもが自分に責任のない「不幸」を背負わなくてはならない理不尽さなどを、まざまざと実感させられた。そして、その「不平等」や「理不尽さ」を、少しでも埋め合わせてあげたいという、A子に対するほとんど「入れ込み」に近い援助欲求が賦活され、その後の援助プロセスが推し進められた。

ケース終結時、自分なりに「精一杯」取り組んだという達成感はあったものの、同時に何かすっきりしない、うしろめたさのような感じもどこかに残り、思い切ってスーパーヴィジョンを受けた。すると、案の定スーパーバイザーから、「セラピストの個人的体験に由来する救済者的なコンプレックスが刺激され、『神の代わり』をしようといった自我肥大、いうなれば『悪性の逆転移』に陥っている。そのような個人的な感情でケースにかかわることは危険であり、もっと『中立的』にあらねばならなかった」といった手厳しい指摘を受けた。

おそらく、うすうす感じていた自己愛的なうしろめたさは、おそらくこの指摘に関連するものであろうし、今、改めて本ケースを振り返ってみても、やはり、スーパーバイザーが懸念したような危険な関係性があちらこちらに見え隠れしている。

しかしながら、はたして、セラピストの個人的なコンプレックスを通じての感情移入的な「入れ込み」が、一概に悪いものであるかどうか、そして、個人的な感情を抑え、「中立的」にかかわるべきであったかどうかについては、議論が分かれるところであろう。少なくともA子は、セラピストとの出会いをひとつのきっかけとして、それ以前とは異なる適応的かつ自立的な生活を送れるようになっており、仮にセラピストが個人的な感情を抑えて「中立的」にかかわっていたとすれば、このようなA子の変化は望めなかったようにも思われる。

その意味では、セラピストの個人的なコンプレックスによって賦活された援助欲求が、セラピストの深いコミットメントや共感的なありようを引き出し、それらが基盤となって意味のある二者関係が体現され、そのプロセスにおいて、A子が自分の境遇を受け入れ、その中で前向きに生きようとする意欲や希望を恢復していったととらえる観点こそが、より第一義的なものであろう。

氏原（一九九五）は、「クライエントにカウンセラーのコンプレックスが揺り動かされ、特別な興味がそそられ、クライエントを好きになり、この人のために一肌脱ごうという気持ちが起こることで作られる『意味のある共通空間』がカウンセリングを支えるまず第一の前提であり、これは人類に普遍的な『種のレベル』の深いつながりを基盤としている」と述べている。つまり、この見解はセラピストの個人的なコンプレックスの共振により実現される融合的なセラピスト-クライエント関係に、積極的な意義を認めたものであろう。

また、ユング派には、基本的な考え方として、「患者によって心的に感染させられることは分析家の運命ないし宿命である」(Jung, 1946)、「分析家に癒しの力を与えるものは分析家自身の傷つきである」(Jung, 1951)、「分析家の自己による徹底的な取り組みを可能にするのは、まさに分析家の活性化されたコンプレックスなのである」(Sedgwick, 1994)、「逆転移が個人的なものになればなるほど、そこに秘められている有効性や癒しも大きくなる」(Sedgwick, 1994) など、セラピスト自身のコンプレックスや傷つきを通じてのエロス的、元型的セラピスト-クライエント関係を、ある種、心理療法を推し進めるエネルギーの源泉としてとらえる立場があり、これらはクライエントと触れ合う中で必然的に沸き上がってくる個人的な感情を抑えるべきという立場とは対極的なものであろう。

一般の心理臨床と非行臨床の本質は決して異なるものではなく、そこに立ち会う心理臨床家の真に共感的なありようや深いコミットメントなどに支えられた治療援助的二者関係により、子どもたちが非行の背景にある「不幸」を抱えたり、乗り越えたりしながら、みずからの人生に責任を負い、個性化の道を歩んでゆけるようになる。そうであるとした場合、臨床実践においてその「深い」コミットメントや治療的二者関係を体現することは決して容易なことではない。したがって、そのためには個人的コンプレックスに由来する援助欲求を、積極的にその「原動力」として活用することが不可欠であるといった観点が成り立つであろう。

2　セラピスト-クライエントの二者関係を援助的にせしめる要因

しかしながら、セラピストの個人的コンプレックスを「原動力」とした治療援助的かかわりは、スーパーバイザーが初心のセラピストを目の前に懸念したとおり、「救世主の投影によって自我肥大に陥ったり自我の境界が失われる危険性」(Jung, 1946) や「善意が好き勝手に暴れまわる」(神田橋　一九九〇) などといった利己的で反援助的なかかわりになるおそれが強いことは言うまでもない。ここで、改めてそれらの危険性について振り返るとともに、ではセラピストとしては個人的なコンプレックスを活性化させながらも、同時にどのような意識的姿勢であるべきかについての検討が必要となろう。

本ケースでは、セラピストの個人的コンプレックスが、A子との出会いにより活性化され、A子の苦境や破綻への入れ込み、同一化的な感情移入が進行した。そこでは、あたかもA子の苦境が自分自身の苦境に通ずるがごとくであり、そのことはセラピストをしてA子を徹底的に受容し抱えるといった態度をとらしめた。言い換えれば、セラピストには、かくのごとくの母性的なかかわりこそがA子を癒し、さらにはそれに重ねられるような苦境を抱える自身を癒すという直感的・生来的な動きがあったように思われる。

まさに、「分析家の中の生来の『傷ついた癒し手』は、融合、受容性、エロスなどに基づく、『逆転移』への方向へ分析家を向かわせる傾向がある」(Sedgwick, 1994)とともに、「そのような『理想的母性像』は、特に日本文化に深く根づいており治療者のなかにも存在するものであるから、それに同一化して『よい母=治療者』が体現されやすい」(鈴木 一九九七)ものであったのだろう。このような母性的融合、同一化の中で、セラピストは当初、A子に厳格に対応した施設職員に対立的な感情を抱き、その後も、施設職員のA子に対する否定的な言動を、A子と一心同体に自分に向けられたもののように感じてしまっていた。

そのような独善的ともいえる融合関係の中で、「少年院に入れるつもりでしょう」(#5)とA子が不信を口にしたことにセラピストは内心ひどく動揺し、さらにA子は「誰かに心を開くことは難しい」と幻想的な一体感をうち砕くような言葉を投げかける。それはあたかも、セラピストの揺らぐ心中を察していたかのごとくで、セラピストは無力感とも、寂寥感とも、見捨てられ感ともつかぬ感情を強めた。

続いてA子は、「お母さんとのこともあきらめている」と、母親への決別とも言える言葉を口にするに至っている。これは、推測するに、セラピストとの間で顕現されつつあった「母性的融合体験」への誘惑と不信のアンビバレントな葛藤も相当に影響しているように思われる。

A子にとってみれば、これまで越えようとしてなかなか越えられなかった母への依存と不信との間で揺らぐ思いを、「諦めている」という「語り」で割り切ろうとしたが、しかし、実際はそう簡単に割り切れるはずはなく、その後、辛さや収まりの悪さが募っていく類の「語り」ととらえるべきで、その決意を簡単に支持してはならなかったはずである。しかし、セラピストは、「頼りにならない母親をあきらめるのはよいことだ」との一面的な思いから、その言説をすかさず強化、是認する言動を示してしまっている。そこには、実在の母親という共通の敵を作って、三角関係的（Bowen, 1978）に自分の抱かされた孤立感や見捨てられ感を和らげようといった利己的な動きがあった可能性がある。実際、その後のセラピストの「タバコの許可を考えてみようか」といった持ちかけは、二人の間の溝を埋め合わせようとするあまりの、現実感覚を損なった「ご機嫌取り」かつ「誘惑」であり、セラピストとしての立場が相当に揺らいでいることがわかる。

中村（一九九五）は、やはり自身の初心時の類する体験に基づいてその一連のプロセスを、

「治療者からの誘惑」、「holding environment（Davis & Wallbridge, 1981）の誤解」、「治療者の見捨てられ抑うつ（Masterson, 1972）」、「実の母親からの分離個体化（Masterson, 1972）の支持」、「他者を狂気に駆り立てる努力（Searls, 1959）」、「治療者の身勝手な逆転移」

等の観点から自省し、患者と治療者の置かれている現実を軽視した、偏狭で幻想的な治療者-患者関係という閉鎖的二者関係から逃れられなくなる、あるいは、逆に好んでこうした関係を形成することが治療に必須なのだと思ってしまう誤謬について、家族療法の立場から批判している。

したがって、♯6のA子の逸脱行動は、「母なるもの」との決別を自らに課そうとしたことや、「セラピストか

らの誘惑-セラピストへの不信」の間で揺らぐ内面が顕在化された行動化とみなし、両者の関係やそれまでのかかわりを見直してみる好機であったろう。しかし、当時のセラピストには、そのような冷静な態度はほとんどなく、あたかも、この苦境を乗り切れなくては、セラピスト自身の人生もこの先、開かれることなく終ってしまうだろうとの思いがあったかのごとくに、何とかしてその状況を乗り切ろうと必死になり、電車に眼鏡を置き忘れるばかりか、結果はどうであれ、B先生には表立って批判的な発言をしてしまい、ただでさえA子びいきという印象が強いセラピストに対する不信感をますます強める結果となってしまった。

以上のプロセスを振り返ると、セラピストの個人的なコンプレックスの共振れを基盤としたセラピスト-クライエント関係が、援助を阻害するものになってしまう危険性（スーパーバイザーにならうと、悪性の「転移-逆転移関係」に陥る危険性）を最小限にとどめる意識的な努力がなされなくてはならなかったといえるだろう。たとえば、「クライエントによって触発された自分の内的プロセスに思いを凝らし、その場で自分がどのように動かされているか感じさせられているかに気づくこと」（氏原 一九九七）や、「セラピスト自身が抱える内的な問題を把握し、セラピストとしての中立性や禁欲性を守り、現実吟味を怠らず、クライエントのさまざまな反応や、移感情と、セラピストに引き起こされる逆転移感情とを注意深く見守り、クライエントに引き起こされる転抗や行動化に気をつける」（渡辺 一九九九）などの意識的な心がけが必要であったものと思われる。

ただし、一方で、無意識的なセラピストの内的感情の瞬時の意識化は困難であろうし、意識化（言語化）による統制が、心理臨床的援助を推し進めるうえでの原動力としての心的エネルギーを減退させてしまう可能性も無視できない。要は、意識化の方向と無意識への方向の両者のバランスをはかる（氏原 一九九七）ことが大切であり、そのバランスは各人、各ケースによってさまざまに異なり、一律には語れないのであろうが、少なくとも、現実の援助の枠組みや周囲の援助資源などに関して意識的に開かれていることは、ほとんどすべてのケースに当てはまる心理臨床家としての不可欠な態度であろう。

この点について氏原（一九九五）は、一つの視点として、「種のレベル」の深いつながりを実現するには、カウンセリング場面の種々の制限、形式などといった表層的な形がなくてはならず、その「種のレベル」のつながりを、日常の「個のレベル」のつながりと混同してしまうと、いわゆる「転移・逆転移」の網の目に絡めとられてしまうと述べている。つまり、個人的なコンプレックスに基づくクライエントへの特別な感情により、二人の間に「種のレベル」のつながりを基盤とした「意味のある空間」が実現されるが、そこに必然的に伴われる危険性を抑制するのが、形式や種々の制限といったカウンセリングの「枠組み」であるということになる。

その「枠組み」の重要性に関して、小此木（一九九〇）は、「心的交流が実際に成り立つためには現実的、物的な構造条件がいる。時と所の制約の中での心の働きにこそ意義がある。欲求充足的な融合世界を作り出す、支え、育み、抱えるといった一時的な母性機能に、規制あるいは統制という父性機能が介入してこそ、自己統制力を備えた自律的人格機構が発達しうる」と述べている。

融合的な二者関係を暗々裏に追い求め、母性的受容ばかりにとらわれていたセラピストが、援助の「枠組み」や、施設側の対応も含めたA子をとりまく現実社会の常識や厳しさなどの「父性的」な側面に対する意識や配慮に乏しかったことは言うまでもない。それは、本来、父性原理の影響が強いキリスト教を母体とした施設に、「母性的な慈しみ」を一方的に期待してしまったという時点からすでに示されており、A子と施設職員との間で「リエゾン」的な役割を取るどころか、逆に必要以上に対立するという立場に陥ってしまったことからも明らかであろう。

3 「祈り」――人知を超えたものに開かれていること

しかしながら、当時のセラピストの、内的プロセスや援助関係の枠組みに対する気づきの乏しさにもかかわらず、A子は、結果として、母への依存や不信が入り混じった未分化な感情を自分なりに整理し、深刻な逸脱行動を抑制し、以前よりはるかに自立的な生活を送れるようになっている。すなわち、セラピスト−クライエント二者関係の治療的、援助的側面が勝り、破壊的、反援助的な側面が抑制されたということでもある。それはなぜか。これを、単なるビギナーズラックと切り捨ててしまうのではなく、その理由を考察していくことが、エロス的、元型的セラピスト−クライエント関係に由来するエネルギーを生かしながら、現実的な方向性を大きく踏み外さないための要諦になるはずであろう。

繰り返すが、まずA子の「不遇」な生い立ちと、セラピストの個人的な体験に由来する「不遇」が共振した結果、セラピストはこの世の「不平等」をまざまざと実感し、「不平等をこの世にあらしめる神なるものに対する憤り」とでも表現しうる感情が沸いた。そして、A子との出会いを「運命」(Jung, 1946)のように思い、「自分がその不平等を少しでも埋め合わせる役割を担わなければ」という気持ちにさせられている。それが一方では、心理臨床を推し進める原動力となり、一方では、「神のごとくの自我肥大に至る危険性」を周囲に感じさせたものである。

しかし、これは逆説的に、セラピストの人間を超えた存在としての「神」なるものへの依存や期待の裏返しの態度であり、「神」と同一視して自我肥大に陥るという方向よりも、むしろ、セラピスト個人や広く人間の限界を思い知らせる超越者としての「神」なるものを前提とし、セラピストはその「枠組み」の中で必死に動いていた、動かされていたように考えられるのである。その中にあって無力な個人(人間)が、たとえ少しでも何かできはしまいかという思いが当初の「(神に対する) 意地」(♯2) という言葉に切実に込められていよう。

また、♯7の危機状況において、B先生への懸命の抗弁もA子への必死の説得も通じず、A子と引き離されたセラピストは、ただ神に「祈る」ばかりであったが、ここでも「祈り」は、その効果や奇跡を期待してというよりも、セラピストの力ではもうどうにもできない現実、限界を受け入れ、覚悟を決めるプロセスであったといえる。つまり、セラピストにとっての「神」なるものの存在や、その象徴としての「祈り」は、逆説的に、カウンセリングに不可欠な「種のつながり」を可能にするとともに、期せずしてそれが破壊的・反援助的なものになってしまうことを防ぐ「守りの枠」として機能していたと考えられるのである。

土居(一九九二)は、「患者の孤独は私たちを孤独にし、患者の絶望は私たちをも絶望的にする。このことは患者とどうしても真剣に交わろうと試みた者は誰しも経験するに違いない。この意味で患者と接する者は常に精神の危険を冒す。しかし、この危険に負けてしまっては、患者の暗い面を照らし出すことも不可能になるではないか。私たちにその光があるのであろうか。一体いかなる光をもって私たちは患者を照らし出すことができるであろうか。本当は沈黙を守るべきであろうが、あえて言うと、患者を照らし出す光があると信じるところに私の隠れた信仰があり、隠れた祈りも働く」と心理療法における「信仰」と「祈り」について言及している。

ここで、「信仰」や「祈り」は、個人や人間の限界を受け入れながらも、なおかつ、重篤なクライエントに希望を持ってかかわることを可能にする、言い換えれば、クライエントへの深いコミットメントの中において、なおかつ、破壊的な作用を最小限にとどめる、「守りの枠」の象徴であるとも考えられよう。

そのような、人知を超越する「神なるもの」に開かれたセラピストの「祈り」があたかも乗り移ったかのように、♯7の危機を乗り越えたA子は、その後、自ら礼拝堂で一人「祈る」ようになっている。セラピストもA子も、面接の場面で「祈り」について一切口にすることはなかったが、A子にとっての「祈り」は、それをA子が意識していたかどうかは別として、生育歴や母との関係に象徴されるような思うようにならない「現実」や「不幸」や「運命」なるものに対して、これまでのように衝動的、破壊的な行動で反応してしまうことを抑制し、より主体的に自我を関与させて現実に対峙し、自分なりに適応的にこの世の中を生きるといった姿勢を方向づけ、それを支えてくれるものであったことは間違いない。

P・マーティン（Martin, 1987）は、心理療法家かつ牧師の立場から、「『祈り』とは奇跡を待ち望んだり、人を責めたり、悪事を呪ったりするのではなく、人生の不可抗力や不明瞭さに直面し、自分の前に横たわる問題の取り扱い方をつかむことを助けるものである」と、その本質について述べているが、A子の「祈り」はまさに、この「祈り」に近いものであったろう。

当時、セラピストはそのような一連の出来事を、まさに「神のはからい」のごとく、ありがたくも不思議に感じていたが、セラピストとA子の共通の「守りの枠」の象徴である「祈り」が、援助プロセスの中で偶然に共時的に生じてきたことは、非常に大きな意味があったものと思われる。セラピストがA子との面接で「祈り」について直接言及しなかったのも、さらに、最後にA子と一緒に礼拝堂に行くことを思い直したのも、当時は単なる直観的な配慮に過ぎなかったが、今改めて考えてみると、それを二人の間で共通の話題として言語化してしまうことは、超越したものの存在という生きるうえでの深い基盤を、セラピストとA子という「個のレベル」かつ「人知の範囲内」に押し込めてしまうことへの無意識的な懸念であったものと思われる。「神」なるものは、決して両者の間で言葉を通じて確認されることはなかったが、「祈り」という象徴により共時的に存在し、両者に人間の限界を受け入れ、現実を見据えるための「枠組み」として機能した。だからこそ、結果として援助の成果が上がったのであろう。

実は、「救済者としての神との同一化」とは対極にある、「神許したまわば」（Jung, 1958）と形容されるような、援助者個人や人間を超える存在へのナイーブな思い[1]、こそが、本ケースの援助の核心であったものと思われる。

4 「逆転移」という視点から

さて、スーパーバイザーは、おそらくセラピストが初心者だったこともあり、セラピストの個人的コンプレックスの共振を「悪しき逆転移」と指摘したが、昨今では、セラピストの個人的な感情は抑えるべきといった古典的な精神分析的視点とは異なり、治療促進のためにセラピストの逆転移を活用するといった立場が広く受け入れられるようになっている。それは、非行臨床においても例外ではない（河野 二〇〇三）。

ただし、「逆転移」のとらえ方に関しては、本ケースに例示される類のセラピスト側からの転移的な感情の動きをも含め、セラピストのこころに湧き上がってくる感情や思考すべてを逆転移とみなす立場（Heimann, 1950）、クライエントの転移に対する純粋なセラピストの反応を「逆転移」とする立場、あるいは、セラピストの専門家としての態度が阻害されるなど、セラピスト-クライエント関係における否定的な文脈に限って逆転移という用語を用いる立場などもあり、各研究者間でかなりのばらつきがあるようである。

「逆転移の活用」ということに関しても、「神経症的逆転移」（Racker, 1968）、「病的逆転移」（Money-Kyrle, 1956）、「逆転移性感情」（Winnicott, 1965）、「逆転移幻想」（Fordham, 1957）、「治療者の神経症的なコンプレックスによる妨害的に働く逆転移」（河合 一九九二）など一連の否定的な逆転移（すべてが同じものを指しているとは限らないが、似た概念である）と区別され得るところの、「正常な逆転移」（Money-Kyrle, 1956）、「客観的逆転移」（Winnicott, 1965）、「同調的逆転移」（Fordham, 1957）、「逆転移そのもの」（Racker, 1968）、「治療者の本来的な感情による逆転移」（河合 一九九二）などこそが、クライエントの深い理解のために活用しうると

（1） 筆者は特定の宗教に傾倒していないが、宗教心に厚い者はこれを「信仰」と呼ぶのであろう。

いった観点や、それら、いわば病的な逆転移と正常な逆転移の区別は厳密ではなく、そのいずれもがクライエントの無意識を含めた深い理解に役立つとする観点もある。

さらに、面接関係の中で、クライエントの転移や投影によってセラピストが負った陰性感情や「傷つき」などに焦点を当て、それらをクライエント理解に活用するといった論点から、生来持っているセラピストのコンプレックスや傷つきやすさを通じて、深いセラピスト-クライエント関係を実現させ、その元型的エネルギーを活用するという論点もあり、しかも、こころの現象の本質上、それらがすべて厳密に区別できないことも相俟って錯綜としている。そのため、本論文では筆者が主体として「逆転移」という語を用いるのを意図的に避けてきたが、ただし、このような援助者の心的エネルギーを基盤にしての心理臨床的援助について論ずる際には、思弁的になりすぎる危険性を覚悟のうえで、転移-逆転移という概念を通じての理解も必要なように思われる。したがって、ここでは、神田橋(一九八〇)により、整理と若干の考察をしておきたい。

神田橋(一九八〇)は、広い意味での逆転移に関して、

1. クライエントの転移に対するセラピスト側からの混じり気のない反応を「真の逆転移」
2. いわゆる「真の逆転移」により、セラピストの心の中に引き起こされる内的葛藤などの変化への抵抗を「逆転移に対する抵抗」
3. セラピストのクライエントに向ける転移

の三種類に、それらが混在的に溶け合っていることを前提としながらも説明のための便法として、図式的に分類している。

本ケースにおいて心理臨床的援助の推進力となったセラピストの内的な感情の動きは、第一に、3. のセラピ

スト側からの転移的な要素が多くを占めると思われるが、よくよく考えてみると、実は、セラピストはA子に初めて会ったときに（あるいは、それ以前のA子の非行に関する記録を目にしたときに）陰性感情を抱かされており、その内的な動きに対する補償的・反動形成的な抵抗として、個人的な「不幸」体験を活性化させての感情移入や共感が行われたともいえ、これは2．の「逆転移に対する抵抗」に当たるものであろう。さらに、A子の不遇な子ども時代の体験を生々しい形で聞けば、何とかしてやりたいという気持ちが起こるのは当然の反応だと考えると、1．の「真の逆転移」という要素もありうるということになる。

ただし、ここで何よりも筆者が重要であると考えているのは、実際にそれらが混在していることこそが、実は共時的な祈り、つまり、人知を超えるものに開かれるためには不可欠であったという観点である。はからずも、出会いの当初の互いに対する否定的な思い、つまり、陰性の「転移-逆転移」あるいはその名残とでもいったものが、両者に全知全能ではない人間の「限界」を受け入れやすくさせた。そして、融合的二者関係が抜き差しならぬところまで深まり、「救済されるもの-全能の救い主」（Guggenbühl-Craig, 1971）という危険な元型的関係に陥ることから二人を救いそして、A子が立ち直りの道を歩んでいった。一連のプロセスはそのようにも理解できるであろう。

つまり、視点の違いによりさまざまに表現されうる逆転移の諸相が不可分に混在していたこと、さらには陽性感情や陰性感情やその他、そのような言葉でカテゴライズされえないさまざまな心情や感情が混在していたこと[2]こそに意味があったと思うのである。

非行臨床における基本的な考え方の一つとして、セラピスト-クライエント間の陰性転移の克服と、陽性転移を基盤としたうえでの援助の重要性が挙げられることが少なくない（藤田 一九九二など）。しかし、以上の見解

（2） これは、実はありのままの現実に過ぎない。

はそれに疑問を差し挟むものであろう。

Ⅳ　非行臨床と心理臨床一般の本質的共通性

本章は、一般の心理臨床と非行臨床の本質は決して異なるものではなく、そこに立ち会う心理臨床家の真に共感的なありようや深いコミットメントなどに支えられた治療援助的二者関係により、子どもたちが非行の背景にある「不幸」を抱えたり、乗り越えたりしながら、みずからの人生に責任を負い、個性化の道を歩んでゆけるようになるのではないかという視座から出発した。

これまでに述べたように、A子は、さまざまな要因により実現されたセラピストとの治療援助的二者関係を経て、厳しくも希望あらたな個性化の道を歩み出したといえる。このプロセスはまさに、すべての心理臨床に共通する本質的なプロセスといってよいであろう。

A子にとっては、幸い少ない生い立ちを生き抜くための自らの存在性や生命力の発現のありようが、「悪」とされる非行や問題行動であった。そのA子の「悪」は、当初、排除や矯正の対象としてセラピストの前にもたらされた。しかし、心理臨床家としてのアイデンティティーをつかもうと懸命であった当時のセラピストにとって、人間性に根ざしたA子の「悪」を一方的に排除し矯正するという方向性は、心理臨床の営みとしてはとうてい不十分であるように思われた。

そして、自分自身も「悪」を負い、生きる苦しみや限界を持った存在であるというセラピストの切実な思いが、セラピストとA子との関係をつなぎ、「否定的意味付与の世界」と「肯定的意味付与の世界」とをつなぎ、「悪」を「善」につないでゆくことを助けた。それは、「『悪』の中に深い意味があるといったパラドクスに満ちているのが人生であり、そこにかかわる二者の『深い関係』によってはじめて『悪』も両義的な姿を見せ、さらには『悪』が『善』に変容する」（河合 一九九七）という体験であったかもしれない。

A子はこのような心理臨床のプロセスによって、新たな個性化の道を歩みだしたが、それは決して容易な道程ではなく、さまざまな困難や危険性を多く孕んだものであった。

皆藤（一九九八）は述べる。「二つの世界をつなごうとする作業は困難であり苦しみを伴う。われわれはつねに安寧を求めようとするし、その作業のプロセスに排除の論理が執拗に作用するからである。そのためには、当然、心理臨床家それぞれが悪や死といった、これまで否定的意味が付与されてきた事態を、自身が生きる営みの俎上において、自身にとっての意味を自身の営みのなかに再構成しなければならないことを意味している。確たる自覚を持ってこころに据える作業を続けるなかで、人間が生きることに関する知、人間とは何かに関する知、さらには、人間への尊厳がもたらされるのではないか。心理療法家はみずからが『いかに生きるのか』というテーマに取り組まねばならない」。

心理臨床家は、「悪とは何か」、「生きるとは何か」、「幸不幸とは何か」、「自己実現とは何か」、「援助とは何か」といった実存的な問題を突き詰めて考えてゆくことに容赦なく迫られている。本章においては、それら実存的なテーマが、援助のゆくえに大きく影響するということが具体的に明らかにされたといえるであろう。

第4章

非行臨床実践における統合的援助モデル

——非行少年の悩み方と非行臨床の特殊性を踏まえて

I　はじめに

　第3章では、セラピストの内的体験を適切にかつ十分に活用することによって、意味のある二者関係を実現し、心理臨床実践を推進してゆくことの意義について論じた。望むと望まずと他者を苦しめてしまう「与苦」、そして、生きる苦しみ、生きる悲しみ、不幸、不平等などの「受苦」といったさまざまな次元の「悪」からわれわれ人間は決して自由にはなれない。そのような人間同士の「種のつながり」に基づく共感的・共振的想いや援助欲求の賦活こそが、困難な心理臨床を推し進めるための原動力となることを示した。これは、非行臨床に限らず、心理療法的援助の本質的なプロセスといえる。

　ただし、その種の援助プロセスは、先の事例がそうであったように、セラピストの心を相当に揺さぶり、セラピストの精神的労力を相当に要するものでもある。したがって、現実的にはセラピスト側の意欲や心身のコンディションにかなり左右されるものであるし、クライエントの特性にも大きく影響を受けるものである。したがって、日々「仕事」として少なからずのケースを一定の水準以上でこなしてゆくことを期待される「現場」での臨床実践においては、そこに現実的な限界や制約もあるものと思われる。

　とりわけ、非行心理臨床においては、自ら「悩む」ことが少なく、心理療法の基盤となる信頼関係への動機づけがないように見える、あるいはそのようにふるまう者が援助の対象であることが少なくない。また、セラピストの側も、「社会的悪」を為した者に対する咎めや忌避などといった否定的な感情がおのずから沸きがちでもある。

そのような状況において、セラピストが自らの共感能力の不足や心理臨床家としての未熟さを自省し、非行の子どもたちの自我異質的な苦悩へのあくなき共感を求めて、よりいっそうの受容的・許容的態度に拘泥したり、あるいは内心に潜む否定的な思いを抑圧して反動形成的に過度なセンチメンタリズムに陥ったりして、非行少年がますます問題行動をエスカレートさせていってしまうということすら起こりうる。つまり、セラピスト側としては自らを追い込み、多大な精神的労力を費やして受容や共感に努めたにもかかわらず、それがまったく空回りして、結果的に子どもたちのさらなる行動化を促進させてしまうといったことがありうるということである。

本章における筆者の着眼点は、実は臨床家が最大限の熱意を振り絞り、最大限に受容・共感的であらんとする姿勢が、常に最大の援助効果につながるケースばかりとは限らないのではないか、その意味で「真」に「援助的」であるとはどういうことなのかを改めて考えてみる必要があるのではないかというものである。

これは、言い換えれば、多くのケースを抱える現場臨床において、われわれが「仕事」としての心理臨床を永く続け、専門家として一定水準のアベレージを残していくためには、硬直的に単一の理論やスキルや姿勢にこだわるのではなく、多様な理解の枠組みや援助手法を備え、対象者の特性に応じて接近法を柔軟に変えてゆけるような実践的かつ統合的なアプローチという発想が不可欠になるのではないかという問題提起でもある。[1]

とりわけ、非行臨床においては、それぞれの子どもの悩み方の特徴や心理的な援助ニーズのありように応じて、より有効と考えられる援助アプローチを柔軟に選択してゆかねばならない必要性が高い。そこで本章においては、以下、複数の臨床素材をもとに、非行少年の「悩み方」のありようを基軸とした統合的援助アプローチモデルの構築を試みる。非行臨床事例を素材として用いることで、広く心理臨床一般にも参考となりうる実践的かつ統合的な臨床観が得られることも期待されよう。

---

(1) 当然、この実践的有効性という観点は、非行臨床のみならず、すべての心理臨床実践において重要なものでもあろう。

II　問題と目的

近年、少年非行の凶悪化が叫ばれ、世論では厳罰主義の論調が目立つ。しかし、その一方で、非行を犯してしまう子どもたちへの共感や思いやりに根ざした援助や保護こそが大切であるという主張も根強い。人間の「悪」が絡み、対象者の援助ニーズもさまざまである非行臨床は、当初より、忌避や排除あるいは社会防衛的な発想と、人道的措置や保護的支援の双方の立場がさまざまに対立したり、折り合ったりして発展してきた領域である。そして現代においても、非行臨床家らは、その接近法に迷い、試行錯誤しながら実践を行っているのが実情といえよう。

さて、非行臨床においては、少年の「悩まなさ」や現実直面化を回避しがちな傾向、あるいは援助への動機づけの希薄さなどから心理療法は困難であり、基本的に「悩んでいる」クライエントを対象とする心理臨床一般の理論の単純な適用は効果的ではないという見解（藤掛 一九九四、生島 一九九七、齋藤ほか 一九九九など）がある。

他方、非行少年こそ、悩みや苦しみを抱え、傷ついている対象であるという視座（石川 一九八五など）や、家庭環境の不遇や特別な劣等感などのために、ひどく悩み、不幸感や挫折感にとらわれており、その自我異質的で苦しい状態に耐え切れず、非行を犯してしまうという見解（Healy & Bronner, 1936）もある。これらの理解枠に立てば、「悩んでいる」者を対象とする心理臨床理論や共感的視座に根ざした心理療法的接近こそが、非行を犯した子どもたちにとっても大切であるという論点が導かれるであろう。

筆者は、そのどちらがより有力であるかというよりも、非行を犯した子どもたちの「悩み方」のありようによって接近法を柔軟に変えてゆくことで、より有効な援助が可能となるという立場に立つ。関連して、屋久（一九六六）は、非行臨床実践は、精神分析的概念や、自己理論の概念、学習理論の概念などの一般的な診断理論や治療理論を基盤として持つが、それらの理論に硬直的にしがみついて対象者の理解や援助実践を行うがあまりに、目の前のケースを固定的に偏った一つの型にはめ込んでしまう弊害や、他の意味ある側面を看過してしまうなどといった危険性があることを指摘し、非行臨床実践家の課題として、広く複数の心理臨床諸理論を統一的な枠組みを通して把握したうえで、それら諸理論と経験的方法とを統合した内部統一性のある統合理論の必要性を論じている。

しかしながら、わが国の非行臨床実践に関するこれまでの研究や論述においては、精神分析的アプローチ、クライエント中心療法、行動療法、家族療法などといった心理療法諸理論や諸技法を、特定の非行少年に適用してその成果を示した演繹的なものが主流であり、逆に、非行少年おのおのの具体的な特性を踏まえて、有効な援助を行うための接近法や援助手法について研究されたものは少ない。

そこで本章では、これまでの筆者の臨床実践を通じて得られた経験的方法と心理療法諸理論を踏まえて、非行臨床において対象となる事例の特質に応じて有効な実践的援助を行うことを可能にするところの内部統一性を持った枠組み、つまり、非行臨床における実践的援助モデルの作成を試みる。援助モデル作成に当たっては、非行を犯した子どもたちの「悩み」のありようを通して、非行少年をタイプ別に分類し、それぞれの類型に応じた援助方針を、複数の心理臨床諸理論を参照して考察し、臨床実践に活用することを目指す。よって、このモデルを「実践的統合援助モデル」と呼ぶことにする。

なお、この「実践的統合援助モデル」構築に当たっては、下山（一九九七）による実践型研究の手法を参照する。下山（一九九七）によれば、実践型研究においては、具体的な実践場面や具体的な事例といった特定された状況において仮説の妥当性が判断されることを意味する「具体性」、関係性と開放性の次元において対象の現実に働きかける活動に関して仮説の妥当性が判断されることを意味する「実践性」、具体的な状況において対象への有効な働きかけができるか否かという点で仮説の妥当性が判断される「有効性」などといった事柄が研究の本質とされる。そして、「すでにある程度わかっていることを土台にして、まだよくわかっていないことについて実際に調べてみて明らかにするための見立て」がすなわち「仮説」であり、その仮説の妥当性は、対象である事例の状態に即して生成や修正を繰り返す柔軟で循環的な研究過程において検討される。

また、臨床実践場面での個々の事例内での仮説生成-検証過程は、特に「臨床的仮説生成-検証過程」と名づけられる。「臨床的仮説生成-検証過程」を多数の事例間で比較し、同様のパターンをとる複数の事例をまとめて類型化することによって「類型仮説」が生成される。さらに、その「類型仮説」を個別の「臨床的仮説生成-検証過程」における照合枠として適用してみることで、実践的有効性の観点から類型仮説の修正や検証がなされ、複数の類型事例に適用可能な一般性を持つところの「モデル」が構築される。

Ⅲ　仮説的援助モデル

1　「悩みの位置」と「援助ベクトル」

(a)　悩まない非行少年

「悩まない」非行少年は、本来、誰もが心配になったり、不安になったりして悩むべき場面でも悩むことなく、そのような現実感が乏しい内的状況を背景として、葛藤や抑制に乏しく深刻な非行を犯してしまうといった点がその特徴である。さらに、彼らの中には、非行を犯した後さえも罪障感や不安感を抱くことなく、つまり依然として「悩まず」、現実感覚はさらに希薄となり、逸脱行動を繰り返すという者も少なくない。

このような「悩まない」非行少年に対しては、「『理不尽』な体験をさせ悩みを抱えさせる」（生島 一九九九）、「不安や苦悶、厳しさを経験させる」（安香 一九八一）、「司法的権威を強制力として自我親和的な態度を自我異質的なものに変える」（黒川 一九七八）、「現実直面化を迫り、責任感を持たせる」（Glasser, 1965）などといった、悩みを抱えさせる方向への援助が基本であるという見解が有力である。

具体的に、生島（一九九九）は、「悩まない」非行少年らが「悩みを抱えるまでに成長していない」ことを指摘し、援助対象が「悩みを抱えていること」を前提とする従前からの「受容・共感」などに代表される心理臨床的援助の方法論だけでは限界があるという立場から、非行臨床における心理的援助の大きな目的は、外罰的で内省に乏しい少年に対して、不幸の原因は自分にもあると気づかせ、「悩みを抱えさせる」までに成長を図る働きかけであり、このような洞察に至るには、人はまず自分の不幸を認め、それを悲しむこと、つまり、真に「落ち込む」経験が不可欠であるとして、少年らに適切なストレスを与えることの意義を述べている。

黒川（一九九〇）は、非行少年らは自分自身の性格や行動について自ら悩むことはないという自我親和的（ego syntonic）な態度が特徴的であり、したがって、非行少年の治療のためには、その自我親和的な態度を自我異質的（ego alien）なものに変える必要があり、治療を受けようという動機がない非行少年に対しては、プロベーションにおける「権威」を強制力として、治療力学的に利用することが重要であると論じている。

現実療法を提唱したW・グラッサー（Glasser, 1965）は、非行、犯罪などの不適応行動は、クライエントが現実世界で自らの欲求を充足し得ない不全感の結果であり、クライエントは現実世界を否定して虚構の中に生きており、したがって治療では、その虚構から現実へとクライエントを引き出し、再び現実に適切にかかわることを可能ならしめることが必要である、そのためには、クライエントとの信頼関係や共感的関係を前提としながらも、治療者はクライエントの非現実的で無責任な行動を毅然として拒絶し、責任ある行動をとることを徹底して教える必要があると述べている。グラッサー（Glasser, 1965）は、非行少年の治療過程において、相手が責任ある行動をとることができるようになるまでは、種々のペナルティーを課したり、施設への収容期間を延長するなどして、厳しくクライエントに対峙するという手法も用いている。

(b) 悩んでいる非行少年

他方、「悩んでいる」非行少年は、自身にとって受け入れがたい現実や、「不幸」、「不遇」などにとらわれるあまり、思うようにならない現実状況や自我異質的で苦しい心の内から脱却しようと非行を犯してしまう傾向が強いといえる。

たとえば、親不在による愛情欲求の阻止、両親の不和、離婚、虐待などの家庭環境の負因、あるいは、その他、何らかの特別な劣等感などのために、自分を不幸だと思っていたり、極度に悩まされていたり、挫折感などにとらわれているといった「情動障害」が、非行の要因であるとするヒーリーとブロンナー（Healy & Bronner, 1936）の非行理論はこの見解に近く、「悩み」へのとらわれとそれへの対処行動が、現実適応的でない非行行動として顕現しているといった理解である。

したがって、このような「悩んでいる」非行少年に対しては、非行少年の成長可能性や自己治癒力を信頼し、共感・受容的にかかわる（石川　一九八五）といった治療援助者の基本的姿勢、あるいは、自己実現の形を変えた表現が「非行」であるとみなし、彼らの精神的葛藤や情緒的苦悩を共感的に理解しようとする心理力動的アプローチ（Healy & Bronner, 1936）などにより、「悩み」や「苦境」に対して一定の距離が取れ、現実適応的に対応できるようになる方向への援助が適切であると考えられる。

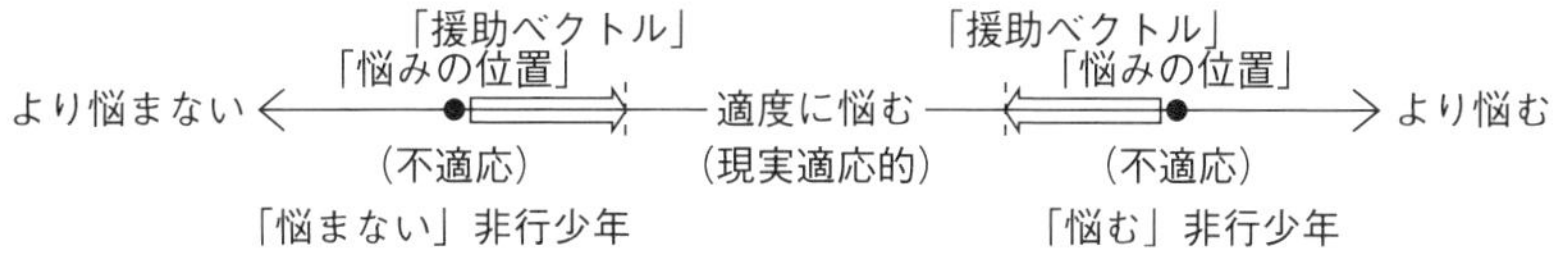

図 4-1 「悩みの位置」と援助ベクトル

(c) 悩みの位置と援助ベクトル

以上のように、比較的深刻な非行を犯す子どもたちの「悩み」のありようは、「悩まない」ケースと「悩みにとらわれている」ケースに大きく二分できるとみなされる。そして前者では、子どもたちが「悩み」を抱え現実に直面してゆくことによって非行から脱却する可能性が高まり、後者では、「悩み」や「苦境」から適度な心理的距離が取れ、自己効力感が回復してゆくことにより、非行という逸脱行動を不要とする可能性が高まると想定される。

それら二方向への援助を模式的に図示すると図4-1となる。非行少年の「悩む-悩まない」の状態は、「悩みの位置」として連続線上の両辺に位置づけられる。援助の方向および強さは、その「悩みの位置」を中央部に移動させる「援助ベクトル」によって模式的に表現されうる。ここで、比喩的にベクトルを用いたのは、非行少年の「悩み」のありようとその内的な力動性、援助の方向性、援助のインテンシブネスなどを模式的に図示しやすいと考えたことによる。

なお、（図4-1）においては、座標中央範囲に「適度に悩んでいる」という現実適応的な状態、現実から適度に距離が保たれている状態が仮定できるであろう。これは適度な防衛機制が働いている状態、あるいは柔軟な楽観主義（Seligman, 1991）とでも形容されようか。

M・E・P・セリグマン（Seligman）は学習性無力感についての一連の研究を発展させて、「柔軟な楽観主義」の効用を唱えている。セリグマン（Seligman, 1991）によれば、悲観主義者は、楽観主義者に比べて、現実をしっかり把握しており、責任感も強いが、「うつ状態」に陥りやすく、社会生活や健康も損なわれやすい。一方、楽観主義者は、現実を自分の都合の良いように把握し、責任感にも乏しい一方で、健康的・生産的に毎日の生活を送っているといった傾向がある。したがって、悲観主義により、「うつ病」などの不適応に陥っている者は、「柔軟な楽観主義」、つまり、その場その場の状況にあわせた現実適応的な「楽観主義」の態度を身に付けさせることが大切であり、そのためには、認知療法が有効であると述べている。

ここで、セリグマン（Seligman, 1991）の言うところの、「悲観主義者」を「悩み過ぎる非行少年」に、「うつ病などの不適応」を「非行などの不適応」に置き換えると、筆者が目指すところの「適度に悩まない」態度位置は、「柔軟な楽観主義」に当たるであろう。

また、「悩まない」非行少年の現実感覚の希薄さは、否認、解離などの防衛機制とみなすこともできようが、それら原始的レベルの不適応的な防衛機制に比して、適度な防衛機制が働くことで現実に根ざした社会適応的な行動が期待できるという見方も可能であろう。

2 「悩みの方向性」と「心的ベクトル」

(a) 〈まぎらわす-とらわれる〉という心的方向性

有効な援助アプローチの同定には、「悩みの位置」に加えて、非行少年の内的な力動性、すなわち子どもたちがより悩まない方向への内的な動き、つまり現実を紛らわしたり、ごまかしたりする方向への動きを持っているか、あるいは、より悩む方向への内的な動き、つまり現実に直面したり、とらわれたりする方向への動きをもっているかといった、「悩み方」についての内的な力動性を考慮することが必要であろう。

たとえば、連日のように深夜まで遊び歩き、「悩み」を意識していないような子どもの場合でも、「このような生活をいつまでも続けていては、自分がだめになってしまう」などと心のどこかで感じていたり、あるいは、遊びの延長で非行に至ってはじめて罪償感や不安感などが芽生え、現実に向き合ったり、現実にとらわれたりするといった方向への心の動きがうかがわれるケースもあれば、他方、その場その場の楽しさにかまけて怠惰な生活を連日繰り返し、非行を犯してさえも罪償感や不安感を抱くどころか、ますます現実感覚が乏しくなり逸脱行動がエスカレートしてゆくなど、より現実から遠ざかる方向への力動性が認められるケースもある。

同様に、「悩んでいる」非行少年の中にも、現実の辛さや苦しさなどの自我異質的な感情を紛らわす、ごまかすといった内的な動きが感じられる場合もあれば、いっそう自分自身を追い詰め、自暴自棄になったり自虐的になったりして、より悩みにとらわれる方向への心の動きがうかがい知れる場合もある。

それら、いわば心的な力動性は、非行の目的や意味、非行後の少年の態度などで明らかにされることが多い。速水（一九七八）は、非行少年を「甘え型」と「意地型」に類型化し、「甘え型」の少年の非行には「何らかの不安感情を避けるための不可避的手段」、「現実世界からの逃避」という意味があるとし、非行後の少年はなかなか非行の意味をみつめることができず、その場しのぎの態度に終始し内省や責任感が深まらないが、一方、「意地型」の非行少年にとって、非行は背伸びした自立へのステップの中で何かを求めてのものであったり、あるいは非行自体が自己目的的なものであり、何かを意図して自覚的になされていることが多いと述べている。

筆者の観点に照らせば、「甘え型」の少年には「より現実をごまかす」あるいは「より悩まない」という方向への内的な力動性があり、一方、「意地型」の少年には「現実に直面する」、「より悩みを抱えようとする」という方向への内的な動きがあるとみなされよう。

それら非行少年の心的力動性は、先の援助ベクトルと同様に、座標上のベクトルで表現することが可能であり、本研究ではそれを「心的ベクトル」と呼ぶことにする。心的ベクトルは、「ごまかす」、「まぎらわす」などの方向性を象徴する座標左向きのベクトルと、「直面する」、「とらわれる」などの方向性を象徴する座標右向き

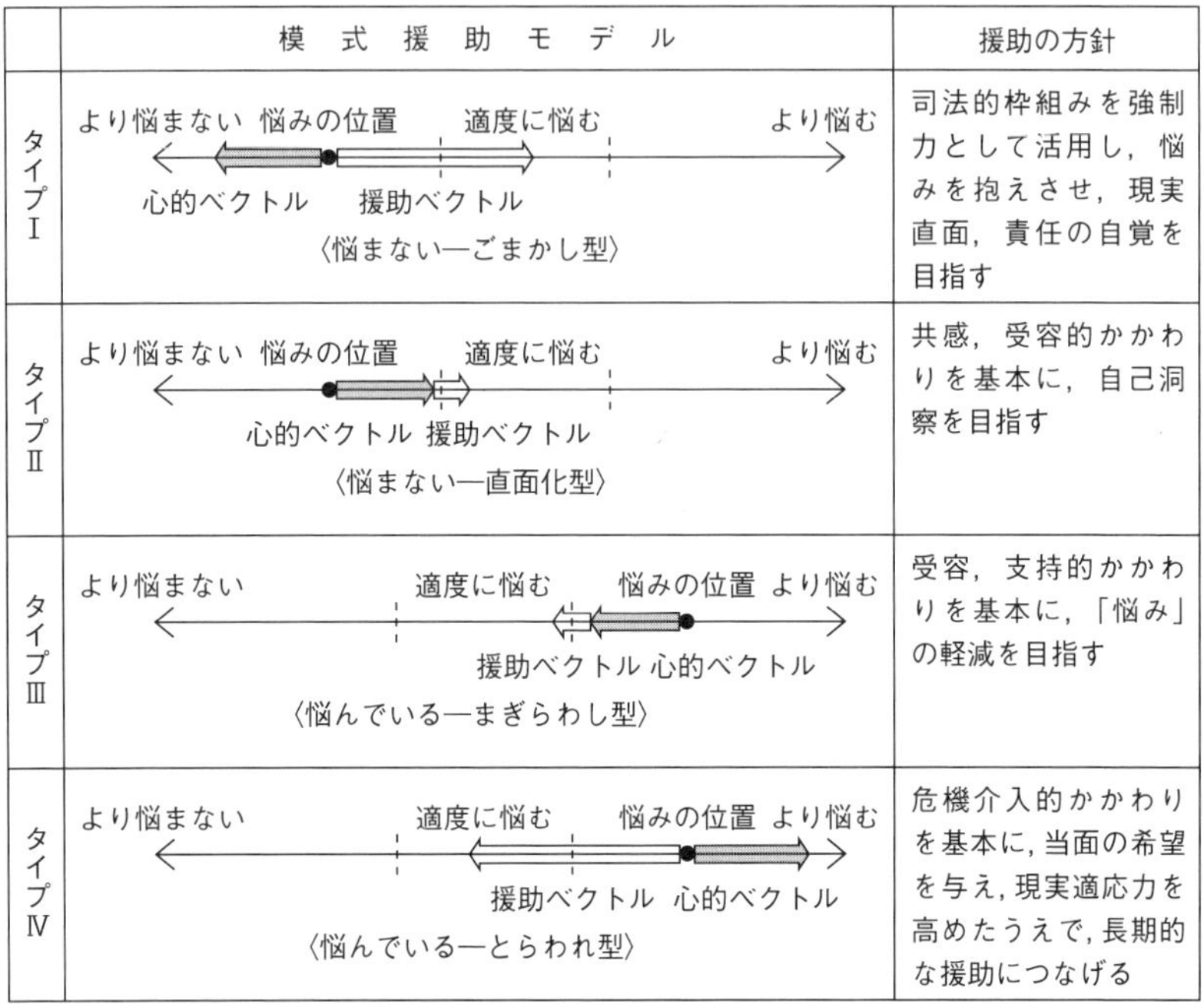

	模式援助モデル	援助の方針
タイプⅠ	より悩まない　悩みの位置　適度に悩む　　　　　　より悩む 　　　心的ベクトル　　援助ベクトル 〈悩まない—ごまかし型〉	司法的枠組みを強制力として活用し，悩みを抱えさせ，現実直面，責任の自覚を目指す
タイプⅡ	より悩まない　悩みの位置　　適度に悩む　　　　　より悩む 　　　　　心的ベクトル　援助ベクトル 〈悩まない—直面化型〉	共感，受容的かかわりを基本に，自己洞察を目指す
タイプⅢ	より悩まない　　　適度に悩む　　悩みの位置　より悩む 　　　　　　　　　　　援助ベクトル　心的ベクトル 〈悩んでいる—まぎらわし型〉	受容，支持的かかわりを基本に，「悩み」の軽減を目指す
タイプⅣ	より悩まない　　　適度に悩む　　悩みの位置　より悩む 　　　　　　　　　　援助ベクトル　心的ベクトル 〈悩んでいる—とらわれ型〉	危機介入的かかわりを基本に，当面の希望を与え，現実適応力を高めたうえで，長期的な援助につなげる

図 4-2　仮説的援助モデル

のベクトルの二通りが考えられる。ここで、「ごまかす」、「まぎらわす」などの表現の違いは、ベクトルの始点の位置による。具体的には、始点が「悩まない」位置の座標左向きのベクトルは「(現実を)ごまかす」、始点が「悩まない」位置の座標右向きのベクトルは「(現実に)直面する」、始点が「悩む」位置の座標左向きのベクトルは「(現実を)まぎらわす」、始点が「悩む」位置の座標右向きのベクトルは「(現実に)とらわれる」などと差異化したものである。

それら「心的ベクトル」を図4-1に組み込むと、「悩みの位置」と「心的ベクトル」の組合せによる四類型の仮説モデルとなる(図4-2)[2]。

なお、ここで、臨床実践経験から得られた

(2)　この仮説モデルは、当然、非行の原因論ではない。あくまでも実践に役立つことを目指した簡潔なアプローチモデル構築のために一次元二方向の図式に単純化した仮説モデルである。

表 4-1　四類型分類のための予想されるデータ例（参考例）

		タイプⅠ〈悩まない―ごまかし型〉	タイプⅡ〈悩まない―直面化型〉
悩みの位置	（行動）	怠学，授業抜け出し，怠業 夜遊び，不良交遊 軽微な非行の反復 親や教師に対しては比較的従順 軽率，怠惰な行動	怠学，授業抜け出し，校内暴力 夜遊び，不良交遊，喧嘩 軽微な非行の反復 親や教師への反抗 強気，意地を張る
	（感情）	気楽で楽しい （不安感情や葛藤の否認） 自我親和的	自由で楽しい （不安感情や葛藤の抑圧） 自我親和的
	（認知）	楽観的（今が楽しければ良い，将来に不安はない）	楽観的（たいしたことはない，どうということもない）
心的ベクトル	（非行の態様・意味）	気軽に深刻な非行を繰り返す 気楽さ，楽しさを求めての非行 現実からの逃避　ごまかし的	親や教師，社会への反抗 他者へのアピール 自立の試み 現実対決，直面的
	（非行後の態度）	反省なく淡々とした様子 他罰的，いいわけ多い 無責任	反省の様子が顕著 自罰的，いいわけない（少ない） 責任の自覚

		タイプⅢ〈悩んでいる―まぎらわし型〉	タイプⅣ〈悩んでいる―とらわれ型〉
悩みの位置	（行動）	登校，就労が困難 不眠，食欲不振 抑うつ的行動	登校，就労が困難 不眠，摂食異常 抑うつ的行動，強迫的行動 自暴自棄的行動
	（感情）	辛い，苦しい，抑うつ 不安（状況的） 自我異質的，自尊感情低い	辛い，苦しい，抑うつ 不安（病的） 自我異質的，自尊感情きわめて低い
	（認知）	悲観的 何とか状況を変えたい	悲観的，絶望的 どうにもならない
心的ベクトル	（非行の態様・意味）	「悩み」や「苦しさ」から逃れる 自分を楽にする 気を紛らわす	自虐的に自分をより辛い状況に追い込む 自暴自棄
	（非行後の態度）	反省の様子が顕著 非行の目的・意味への気づき 責任の自覚	情緒的混乱 より「悩み」にとらわれる より「絶望的」になる

予想される具体的な特徴としての分類データ参考例も示しておく（表4-1）。

(b) 本章における「悩み」の定義

最後に、本章における「悩み」の定義について触れておく。「国語辞典（集英社）」によれば、「悩み」は「1．心の苦しみ。2．（古語）病気。」とされ、また、「悩む」とは「1．どうしたらよいか思いわずらう。心を痛める。2．肉体的な痛みに苦しむ。」とされている。つまり、現代において日常的に使われている意味での「悩み」は、本質的に「心」に密接に結び付いたものであり、「悩んでいる」ということは、葛藤、不安、抑うつ、焦燥、苦悩などといった自我異質的な心理状態にあることと考えられる。

一方、山中（一九九三）は、精神科医としての臨床経験から、子どもの悩みが、「身体化」「行動化」「内閉化」「強迫化」といった四つの方向に拡散、多様化されつつあり、子どもが、人間のありかたの中でもっとも根源的な「心で悩む」ことから疎外されていると述べている。非行臨床においては、特に「悩みの行動化」といった視点は重要なものと考えられるが、筆者が本研究において着目する「悩んでいる」という状態像は、辞書的な定義に基づき、援助対象者が葛藤や、不安、抑うつ、焦燥、苦悩などの「心の痛み」に気づいている自我異質的な状態像のことである。(3)

そして、「気づき」があるわけであるから、「悩んでいる状態」から脱却したいという援助ニーズも存在し、援助対象者自身が、自分の自我異質的な状態を言語により表現することも可能であると考えられる。

逆に、「悩んでいない」という状態像は、「悩み」がない、あるいは、本人に「悩み」に対する自覚や気づきが

(3) この自我異質的なありようこそが、援助を希求する雰囲気となり、援助者に対して同じ人間同士の悲しみや苦しみを通じての援助欲求を賦活させやすいということでもある。

ない自我親和的な状態像である。したがって、本章においては、たとえば、第三者から見て、「悩み」が「行動」に転化されていると考えられる場合であっても、非行少年自身に、葛藤、不安、抑うつ、焦燥、苦悩などの自我異質的な心理状態への自覚や気づきがある場合には「悩んでいる」状態と判断し、それらへの自覚や気づきがない場合には「悩んでいない」状態と判断することにする。

また、一個人内においての〈悩んでいる-悩んでいない〉といった状態像は、当然、時系列的に変化するものと考えられるが、非行臨床においては非行を犯したからこそ、その子どもが保護や援助の対象となるのであり、非行の背景としての非行時前（直前）の内的状態に焦点を当てることが妥当であると考えられる。したがって、目安として非行時直前の時点で、「悩んでいない」者は、過去に、悩んだ体験があるかないかにかかわらず、「悩んでいない」位置にあるとみなし、非行時直前の時点で、「悩んでいる」者は、「悩んでいる」位置にあるとみなすことにする。

Ⅳ　仮説的援助モデルと援助論

1　タイプⅠ〈悩まない―ごまかし型〉

強い葛藤を抱くことなく深刻な非行を犯してしまい、その後も罪悪感を持つことなく内省が深まらないような非行少年がこのタイプの中心を占める。「悩まない」位置を起点とした心的ベクトルが「より悩まない」方向に向いているため、その逆方向への大きな援助ベクトルを必要とする。

具体的には、「悩みを抱えさせる」、「現実に直面させる」、「責任を自覚させる」、「非行行動をやめさせる」などといったインテンシブな手法がそれに当たり、種々の教育・指導的アプローチや行動変容的手法、あるいは、「非現実的な行動を受容せず拒絶し、責任ある行動を学習させることで、クライエントが現実を直視し、他人の欲求充足を妨げることなく自分の基本的欲求を充足するようになることを目指す」現実療法（Glasser, 1965）などがその理論的基盤となるであろう。

その際、非行少年の危機感や規範意識、責任感を高めるために、法的枠組みなどを強制力として治療力学的に活用する（黒川 一九九〇）ことが必要になる場合も多い。したがって、保護観察処遇における遵守事項の厳格な運用や、少年院などの施設収容による矯正教育なども他のタイプに比べて積極的に考えられよう。(4)

逆に、タイプI型の子どもたちに対して、受容・共感的なセラピスト－クライエント関係の実現に拘泥したり、子どもの自己内省力や自己成長力などを盲目的に信じ過ぎた場合、現実をよりごまかそうとする心的ベクトルを助長させてしまい、現実感覚がより損なわれ、再非行に直結するおそれが高まるなど、結果的に不適切な援助となる可能性が強いといえよう。

2　タイプII〈悩まない－直面化型〉

たとえば、自らの不遇な環境や状況などに対して意地になり、家族や大人、権威や社会への反抗や、それらを通じての自立への試みなどといった意味合いが非行行動に含まれることの多いタイプである。心的ベクトルは現実直面化の方向にあるといえ、その方向性を尊重した必要最小限の援助ベクトルにより現実適応的な位置に移行

(4)　グラッサー（Glasser, 1965）は、現実療法を「教育」とほとんど本質を一にするものととらえている。また、「教育」は、さまざまな罰や報酬の形をとった「行動療法」的手法とみなすこともできるだろう。

させるという模式モデル、具体的には、子どもに潜在する自己内省力や自己成長力を見据えたうえでの受容・共感的姿勢により、彼らの現実に立ち向かい乗り越えようとする心的な力動性を生かしていくといったアプローチが考えられる。また、その過程において、結果的に子どもの内省や自己洞察が深まることも期待されよう。

藤森（一九九〇）は、「援助者が非行少年のやり切れない怒り、悲しみ、敵意といったものをあるがままに受け入れ、真に共感的理解を示すならば、自己洞察、自己受容へと結び付き、人格の変容につながる。このプロセスがクライエント中心療法である」と述べる。このような意味でのクライエント中心療法的アプローチは、タイプIIの非行少年に対する心理的援助の理論的基盤となるであろう。

3　タイプIII〈悩んでいる―まぎらわし型〉

本人が、自らの「不幸」な境遇や劣等感などに悩んでおり、その自我異質的な内的状態から脱却しようと非行を犯してしまうタイプである。ゆえに、非行を生きるための対処行動として理解し、その心的ベクトルを十分に尊重した受容・共感的な面接関係を基盤として、彼らが「悩み」を抱えながらもそれにとらわれ過ぎることなく、自己効力感を回復し、現実により良く適応してゆくようになるといった援助プロセスを目指したい。

ただし、同じ受容・共感的なアプローチを基本としながらも、タイプII型では内省・自己洞察的なプロセスを重視するのに対して、III型では支持的かかわりを基本に、「悩み」の軽減のための認知変容的なかかわりなどを必要に応じて併用することも視野に入れたい。

4　タイプⅣ〈悩んでいる－とらわれ型〉

たとえば、本人が自らの「不幸な」生い立ちや、境遇などにとらわれて苦悩しており、無力感や絶望感から、自暴自棄に非行を犯してしまうといったタイプで、心的ベクトルがより一層「悩みにとらわれる」ような方向性を持っているため、座標中心方向に向かうインテンシブな援助ベクトルが必要となる。

「悩み」に対する対処方法が万策尽きてしまった危機的状況にあることから危機介入的かかわりを基本に、心理的な支持はもちろん、必要とされる援助資源の付与なども積極的に行い、極端に低下している自尊感情や自己効力感が少しでも回復し、当面の希望が持てるようになることで、将来的なより長期的な援助につながってゆくことを目指したい。

タイプⅣの少年に対しては、比較的短期間内でのインテンシブな援助が不可欠であることから、問題そのものの根本的な解決よりも問題の悪循環連鎖を少しでも食い止めることや、問題の認知的構成や社会的構成のありようを変化させること、あるいは本人の自助資源を少しでも強化、回復させることなどを積極的に行う必要があり、危機介入理論はもちろん、コミュニケーション派（Weakland, et al., 1974）、解決志向派（de Shazar, 1988）、ナラティブ派（Epston & White, 1990）などのシステム療法関連の理論も有効であろう。

Ⅴ　事例の実際

本稿では、仮説的援助モデル（図4-2）を照合枠として、八例の実践事例の類型化の実際と援助の概略を示すとともに、うち四例（事例2春男、事例4夏子、事例6秋子、事例8冬男）に関しては、類型別仮説援助論に基づいて行われた援助プロセスの実際を比較的詳しく報告する（なお、事例は適宜改変したものである）。

1　タイプⅠ〈悩まない―ごまかし型〉（事例1、事例2）

事例1

［少年］　A男　十八歳　高校三年生

［非行］　ひったくり　強盗致傷

［生育歴、非行前の状況・態度］

父は大手企業の中間管理職。専業主婦の母は教育熱心で、小学低学年の頃からA男を進学塾に通わせた。A男に言わせれば「勉強をするご褒美に、その都度、ゲームソフトやカードなどを買ってもらえた。勉強をしてテストで良い成績を取ってさえいれば、叱られることもほとんどなかった」という。

A男は、中高一貫の私立名門校に進学。小学の頃と違い、いくら勉強しても成績はクラスの下位で、劣等気分から勉強にも熱が入らなくなった。しかし、毎晩母から「父を見なさい。一流国立大を出ていないから、後輩に先を越されとても苦労している」と切々と聞かされ、気乗りがしないまま進学予備校に通っていた。ちょうどその頃、A男は地元の小学時代の友達と、コンビニでゲームカードを万引きし、警察の取調べを受けた。ただし、呼び出された両親が「A男はたまたま出会った友達にそそのかされただけ。今後、悪い友達とは一切接触させません」と主張し、その場は事もなくおさまった。

A男は、なんとか最低限の成績で高校に内部進学し、高三になった頃には毎晩、予備校をさぼって不良傾向のある仲間たちと繁華街を徘徊するようなった。A男は頭が切れ、体も大きかったので、仲間から一目置かれるようになり、リーダー的な存在として、連日、ゲームセンターに入り浸り、女の子をナンパして遊びまわるようになっていた。そんなA男は、夜遅くまで予備校で勉強しているふりをして、ときに、まじめな高校の同級生を家に呼ぶなどして親の目をごまかす一方で、遊ぶ金に不足し、とうとう仲間と恐喝をするに及んだ。

当時のA男には、自分の行動や状況を省みようという姿勢はまったくなく、仲間との夜遊びに興じ、手段を選ばす金を手に入れることも厭わなかった。

〈悩みの位置—悩まない〉

［非行の態様、非行後の態度］

A男は、その後もいくらあっても足りない遊興費をいかにして手に入れるかということばかり考え、恐喝からひったくり、あげくの果てには相手にナイフを突き付けて金を奪うようになるなど、非行がますますエスカレートしていった。

A男が逮捕されたのは、金属バットでサラリーマンを背後から殴りつけて金銭を強奪したことによる。しかし、逮捕後もA男には落ち込んだり、将来を悲観して悩むなどといった様子はなく、「受験勉強のために家に帰して欲しい。僕の大学を受ける権利はどうなるんですか」などとあっけらかんと主張し、自分の置かれている現実に直面するといった姿勢はうかがわれなかった。なお、両親も「A男はとても優しい子。不良仲間に片棒をかつがされた」の一点張りで、「私たちは何でも分かり合える親子で、年一回の家族旅行も欠かしたことはない」と繰り返し訴えていた。

〈心的ベクトル—ごまかし型〉

［援助］

A男には非行歴はなく身柄拘束も初めての体験で、社会的信用度の高い両親もそろっており、社会内処遇も考えられなくはなかったが、あくまでも現実直面を避けごまかそうとする心的力動性が顕著であったため、少年院送致による比較的短期間の矯正教育を選択した。

〔結果〕

A男は、少年院に入れられた当初は不満気な態度や他罰的な姿勢が顕著だったが、次第に自分の犯した非行の重大さや、被害者への贖罪意識などが深まっていった。少年院仮退院後は再非行なく、大学にも進学した。

事例2

〔少年〕　春男　十九歳　無職

〔非行〕　強盗傷害

〔生育歴、非行前の状況・態度〕

春男は、長らく不妊治療を重ねてきた両親が比較的高齢になって授かった「目に入れても痛くない」子どもであった。未熟児で生まれ病弱な幼少期を過ごした春男を両親は何かと甘やかし、厳しく叱った記憶はほとんどないという。

春男が中学の頃、父の異性関係が原因で夫婦関係に亀裂が生じ、家庭の雰囲気が陰険になった。その頃から、春男の不良交友や怠学、夜遊び、万引きなどが見られるようになったが、両親は強い指導ができなかった。

春男は高校に進学したものの、「勉強などやっても仕方ない」と両親を説得し、二年で中退。自動車整備工見習いとして働いたが、「雇主が厳しい」と短期間で辞めてきてしまった。その後、アルバイトを転々とするも、いずれも「体がきつい」、「朝起きられない」、「遊ぶ時間がない」などといった理由で長続きしなかった。

十九歳になった春男は、父に金を無心してアパートを借り、交際相手のY子と同棲し、中古高級国産車をローンで購入した。父はこれを機に自立してくれるのではないかと期待し、春男はガソリンスタンドでアルバイトを始めたが、そこも数週間で辞めてしまい、Y子とともに深夜まで遊興して翌昼過ぎまで寝ているという生活が習慣化していった。当時は、「気楽な毎日で、そのうちなんとかなるだろうとたかをくっていた。真面目に仕事をしようという気もあまり起きなかった」という。

〈悩みの位置─悩まない〉

［非行の態様、非行後の態度］

春男とY子は次第に生活費に困るようになり、家賃滞納のため退去を迫られていた。しかし、春男は真面目に働こうと決意するどころか、Y子の不良友達が連日のように恐喝を重ねては毎晩ホテルで寝泊りしていることを聞きつけ、その真似をしようと思い立った。そして、気が弱そうな大学生をねらって最初の恐喝に成功した二人は、その後も恐喝や美人局《つつもたせ》まがいの非行を繰り返し、奪った金でホテル暮らしを続けていた。

保護の対象となった事件は、Y子が中年男性に声をかけ、その気にさせたところで、春男が被害者に因縁をつけ、それでも金を出そうとしなかった被害者を殴る蹴るして、無理やり財布を奪ったというもの。捕まった当初、春男は「買春目的に声をかけてきた被害者からY子を守っただけ。被害者が悪い」と言い張り続け、責任逃れの態度が目立った。

〈心的ベクトル─ごまかし型〉

［援助実践］

＃1　X年10月第1週

審判で試験観察となり、筆者（以下、セラピスト）による一定期間の心理的援助の効果を踏まえて、最終処分を下す決定となった。

裁判官が春男に対し、精勤すること、自宅に戻り外泊はしないこと、当面Y子と二人だけでは会わないことなどを約束させ、それら遵守事項の違反には少年院送致があり得ることを言い聞かせた。

審判後、春男が「子どもを妊娠したY子と、どうしても話をしたい」と懇願してくる。ちょうど昼時だったこともあり、両親立会いという条件付きで、食事をしながら今後のために必要なことを決め、三〇分後に戻るよう約束させた。しかし、約束時間に姿を見せたのは両親のみで、「春男から『どうしてもY子と二人だけで話がしたいから、先に戻っていてくれ』と言われ、いくらだめだと言いきかせても聞く耳を持たなかった」と弁解する。セラピストは即座に食堂に駆け付け、春男に「約束が守れないのならば、家には帰せない」と迫り、その場で、Y子を一人先に帰宅させた。

春男は両親の元に戻ると素直に謝り、セラピストには「これから一生懸命やるので見ていてください」と話す。一方、父は「自分たちのせいで春男がこうなってしまったのだと思っている。これからは、夫婦協力して春男の立ち直りに尽くしたい」と春男を前に語っていた。

＃2　X年10月第2週

春男は面接に1時間遅刻。「間違えて逆方向の電車に乗ってしまった」と言う。セラピストは「きちんとした心構えで来ないのなら面接はできない」と、翌日の同じ時間に出直してくるよう指示し、春男を帰宅させた。

＃3　翌日

定刻に来談した春男は「ガソリンスタンドの仕事を探した。夜勤だけれどいいですか」と許可を求める。

＃5　X年10月第4週

「ガソリンスタンドのアルバイトは屋外で暑いし、夜勤時は客層が悪く、やくざまがいの客に怒鳴られることもある」とのことだが、がんばって続けているという。

セラピストはそれをねぎらい、「そんな大変ななか、どうやって乗り切っているの？」とたずねると、「嫌な客でもガソリンを入れる三分間の我慢と、自分に言い聞かせている」と少し誇らしげに言う。

＃6　X年11月第2週

最近は親子三人で食卓を囲むことも多く、「最近、妙に仲がいいな」と両親を冷やかしたら、「お前は自分の身の上を心配しろ」と切り返されたと笑う。

＃7　Ｘ年11月第4週

「仕事は辛いが真面目に続け、Ｙ子とも二人だけでは会っていない。ただ、親たちに一方的に子どもの中絶を迫られるのは困る」と主張する。

＃8　Ｘ年12月10日

「Ｙ子の両親が中絶を強制してくる。Ｙ子は何があっても子どもを産みたいと言っているし、そんなＹ子の姿を見ているとどうしても産ませてやりたいと思う。赤ん坊を殺す権利は誰にもないはず」と憤慨する。

春男が「先生はどう思いますか？」と聞いてくるので、「最終的にはあなたたちが決めることだと思うが、今のあなたたちに子どもを育てていくのはなかなか難しいことだと思う」と答える。

＃9　Ｘ年12月22日　父から電話

「春男が3日間、家に帰っていない。実はその前夜、双方の家族同士で話し合いをしたが、Ｙ子の両親が二人に強く中絶を迫った。春男は畳に額をこすりつけて『一生懸命働きますから、子どもを産ませてください』と必死に訴えていた」。

＃10　Ｘ年12月25日　春男が予定どおりに面接に来る

春男は「仕事場に泊まっている。Ｙ子とは一緒ではない」と弁解するので、「そんなでまかせを言っている場合じゃない」と追及すると、「家族同士での話し合いの際、Ｙ子の両親が出産を断固反対したので、その後もう一度、Ｙ子の決意を確認したいと思い二人だけで話をした。子どもを産みたいというＹ子の決意は固く、お互い二人きりで会ったのも久しぶりだったため、別れがたくなってしまい、駆け落ちするつもりで三日三晩を車で過ごした。何度もこのまま逃げてしまおうかと思った。でも、それは自分たちのためにならないと思いなおして面接に来た。子どものためにも、もう一度チャンスをください」と訴える。

セラピストは、「子どものためも何も約束違反は約束違反で、その責任はとってもらうほかはない」、「ただし、逃げられるところを、あえて面接に来たのはあなたたちの決断だ。だからそれを尊重して、今から二〇分間ここに一人にする。逃げようと思えば逃げられる。自分たちにとって何が一番幸せなのか考えなさい」と面接室を後にした。

セラピストが面接室に戻ると、春男は「今逃げたら、きっと自分のためにも生まれてくる子どものためにもならない。少年院も覚悟している」と顔を引きつらせて立っている。セラピストが裁判官に顛末を説明したところ、このまま、経過観察を継続することとなるが、その期間が当初の予定より延長となる。

＃11〜＃20　X＋1年1月初旬〜5月下旬

その後の経過は良好。春男の両親が、「Y子の出産後は、二人を家に同居させて親子ともども面倒を見る」と説得してくれたことで、Y子の両親も納得する。春男は近い将来の父親としての自覚も高まり、仕事を真面目に続け、アルバイトから正社員に昇格した。その後の再非行はない。

［事例2の検討・考察］

〈悩まない―ごまかし型〉の春男に対して、セラピストは、法的枠組みを強制力として治療力学的に活用する（黒川 一九九〇）などし、現実療法などの手法も踏まえて、春男の無責任な行動に対峙し、責任ある行動や態度を身につけさせることで、春男が自分の置かれた現実世界を直視し、現実生活への責任感を伴った適切なかかわりができるようになることを目指した。

同時に、現実療法の基盤である「すべての人に共通した基本的欲求である、互いに真に関心を持ち互いに気遣い合うといった親密な関係に対する欲求や、自分が自他にとって価値あるものだと感じる欲求」（Glasser, 1965）に配慮し、セラピストは厳格な姿勢を示しながらも、春男に積極的な関心を持ち、春男の心情の繊細な把握を心がけ、春男やY子、さらには近い将来生まれてくるかもしれない子どもの「幸せ」とはいったい何なのか、などといったことについて思いをめぐらせていた。

春男がY子との家出中に意を決して面接に来た♯10は一種の危機的状況で、セラピストはどう対応するか相当に迷ったが、春男自身の将来を春男自身の責任に委ねるという決断をした。これは、かなりの危険性を伴う選択であったといえるが、春男との間に確かな関係が築かれつつあるという思いにも支えられ、春男の自己決定に「賭け」てみたものである。

結局、そこで逃げ出すことなくその場に踏みとどまった春男は、その後、いっそう現実を見据えて地道に生活するようになり、職場ではアルバイトから正社員に昇格するなど、父親としての自覚や責任感も育まれていった。

仮に当初、繰り返されていた春男のルール違反を、セラピストが許容的な姿勢で安易に受け入れていたとしたら、それまでの春男が繰り返してきた現実感覚からずれた態度や言動が容認されるという結果となり、春男の立ち直りを困難にしてしまったものと思われる。

2 タイプⅡ〈悩まない―直面化型〉（事例3、事例4）

事例3

［少年］B男　十五歳　中三

［非行］傷害

［生育歴、非行前の状況・態度］

設備会社を経営していた父は、酒癖が悪く、頻繁に母に暴力を振るっていた。B男が小五のときに会社が倒産し、母とB男は遠く離れた親戚宅に夜逃げ同然で転居した。中一の頃、再就職した父が家族を呼び寄せたが、B男はそれに強く抵抗した。しかし、B男は結局、強制的に父のもとに連れ戻され、転校先の学校にもなかなか馴染めずにいたところ、不良グループに声をかけられ、以来、喫煙、怠学、無断外泊などを繰り返すようになった。B男は「親の勝手で何度も無理やり転校させられた。だからワルになったのだと思い知らせたかった」という。

B男は中三になると、番長格となり不良グループを統率するようになった。父の酒癖は相変わらずで、両親には争いが絶えず家計もひどく困窮していたが、B男は「別にたいしたことはない。俺には関係ない」と強気に楽観的にふるまい、学校内や地域で喧嘩や暴力を繰り返していた。B男にとって不良グループを率いて「悪さ」をする毎日は、「頭では悪いことだとはわかっていたが、スリルや充実感があり、どうしてもやめられなかった」という。

〈悩みの位置―悩まない〉

［非行の態様、非行後の態度］

B男は、「権威的で自分たちの言い分をまったく聞き入れようとしない」学校教師らと対立し、しばしば小競り合いや校舎破壊などを繰り返していた。中学卒業間近、仲間の一人が教師から体罰を受けたことに憤慨したB男は、その教師を殴る蹴るして骨折を負わせた。B男によれば、その教師の態度が許せなかったと同時に、卒業を間近にして「もういい加減、子どもじみた馬鹿はやっていられない」という気持ちもあり、事件の後は自ら警察を呼んだのだという。

〈心的ベクトル―直面化型〉

［援助］

自立や現実直面化の方向性を潜在的に持った心的ベルトルを尊重し、共感的なかかわりを基本に、B男の内省や自己洞察を見守った。

［結果］

しばらくして自動車整備工見習いとして働きはじめ、関連の専門学校にも通うようになった。その後、再非行はない。

事例4

［少女］　夏子　十五歳　中三

［非行］　ぐ犯（家出・売春）

［生育歴、非行前の状況・態度］

エリートの経歴の両親は仕事熱心。父は土日も出勤し、母も帰宅は毎晩8時過ぎ。幼かった夏子は、毎晩親が帰るまで近所の家に預けられ、ずいぶん淋しい思いをしてきたという。とりわけ父親は厳しく、ご飯粒をこぼしては平手打ちを受け、九九の暗唱を間違えては、寒い冬に裸足で戸外に立たされた。

そんな夏子は中一までは成績もクラストップで、教師からも一目置かれるような「優等生」だった。しかし、中二になると家庭的に恵まれていない不良傾向のある女子グループと付き合うようになり、中三になると夜、学習塾に行くふりをして繁華街を遊び歩くようになった。集団でカラオケやゲームセンターで騒いだり、タバコやお酒を口にしてみたり、街で知り合った男性から食事やお金をおごってもらったり、それは「普通の中学生のするような生活ではないとわかってはいたが、今までの『ネクラ』だった自分が経験したことのないような、楽しく自由な毎晩だった」という。

〈悩みの位置―悩まない〉

［非行の態様、非行後の態度］

夏子の夜遊びが発覚してからというもの、父母は夏子の反発を無視して、夏子の部屋や所持品を無断で検査したり、交遊相手の家に押しかけ「夏子を巻き込まないでくれ。あんたたちのせいで夏子が悪くなった」などと直接説教したりした。夏休みには、母がわざわざ仕事を休んで夏子を自室に軟禁するなど、徹底的な監視と指導を行った。

そんな両親に対して夏子は、「私は小さい頃から親の言いなりになってきた。そして、十五歳の今も自分たちの思いどおりにしようとしている。どうして私自身の問題なのに友達が説教されなくていけないのか。私が私らしく生きていくには、もうこの親から離れて自立する以外ない」と奮い立ち、二階の自室の窓から飛び降りて脱走した。

その後、街頭で警察に補導されるまでの間、約二週間にわたって援助交際をして男性と同伴ホテルに泊まり、金銭を手にするという毎晩だった。保護された夏子は「援助交際は気持ち悪くて嫌だったが、自活するためには仕方なかった」と述べていた。

〈心的ベクトル―直面化型〉

［援助実践］

夏子との面接は原則毎週一度。母や父とは別個に面接。以下のセッション番号は便宜上のものである。

＃1　X年11月第1週（鑑別所での面接）

「両親に迷惑を掛け、とても反省しています」ともっともらしい顔で言う夏子に、セラピストは「でも、あなたはお父さんやお母さんのことを良く思ってないんでしょう？」と返すと、「親は世間体ばかり気にして外面は非常にいい。でも、家ではものすごく陰険。私は家を出て自立したい。高校受験はしない。中卒で働くことの厳しさもわかっている」と強い口調で訴える。

#3　X年11月第3週

審判で試験観察決定となり、セラピストによる心理的援助を施しながらの経過観察となる。「まずはとにかく援助交際だけはやめて欲しい」と伝える。

#5　X年12月第1週

帰宅後第二回目の面接に夏子は現れず、母親から「夏子が昨晩家に帰ってこなかった。心配でたまらない」という電話がある。

セラピスト「外泊はすぐには収まらないかもしれないが、夏子が家に戻ったら、その心配を叱責という形ではなく、そのまま夏子に伝え、迎え入れてあげて欲しい」。

#6〜#11

その翌日、家に戻った夏子は「母が少し自分の気持ちをわかってくれるようになった」と話し（#6、12月第2週）、「一応高校を受けてみる」（#7、12月第3週）としばらく家に落ち着き、私立高校を受験するが不合格となってしまう（#10、翌年2月上旬）。

その夜、夏子は久しぶりに外泊。翌晩遅くに家に帰ったところ、酒に酔った父から体罰を受け、「絶対に家を出る」と感情的になり、再び外泊を繰り返すようになる。

母は「せっかく夏子といい関係になってきたと思ったら父が感情的になり、またおかしくなってしまった」と父に対する不満を初めて口にする（#11、2月中旬）。

#12　X＋1年2月第3週

外泊先から面接に来た夏子は「もうこれからは絶対に外泊はしません」と言う。

セラピストが「そんなこと簡単に約束してしまっていいの？」と返すと、笑って押し黙る。

＃14　X＋1年3月第1週

夏子が約束の面接に現れず、家に電話したところ、母が「夏子は昨晩も家に帰っていない。外泊は収まりそうになく、父と相談して遠くの親戚の家に無理やりにでも連れていこうと思う」と訴える。

セラピストは「ご両親が真剣に考えたことであればやむをえないとも思うが、賛成はできない。もうしばらく待ってみてほしい」とは伝えてみるものの、「だったら、いったいどうすればいいんですか」と詰め寄られ、両親の苦悩をどこまで思いやっているのかと自問自省する。

＃15　同日

夏子が1時間遅れて面接に現れる。セラピストは内心強く叱責したい気持ちに駆られたが、それをこらえて「まあ、よく来たじゃない」と声を掛ける。面接の終わりに「お母さんもずいぶんまいってるようだったけど」とさりげなく伝える。

＃16　X＋1年3月第2週

母「ここ数日、夏子は足を怪我した私の代わりに炊事・洗濯などを献身的にやってくれる」。

＃17　X＋1年3月第3週

夏子「中学の先生からは高校の二次募集の受験を薦められたが、それを断ったら『何かあったらいつでも相談に来なさい』と言ってくれて嬉しかった。将来のことは1年間アルバイトをやりながらゆっくり考えたいと思っている」。

＃18　X＋1年3月第4週　父から電話

「夏子はなんとか中学を卒業したが、外泊は完全には収まらず、4月からはガソリンスタンドなんかでアルバイトをすると言い出しており、ますます深みにはまりそうだ。裁判所の命令という形で遠隔地に措置できないか」。

＃19　X＋1年4月第1週

夏子がガソリンスタンドで働き出す。

＃22　X＋1年4月第4週

母「毎朝、夏子を二十歳過ぎくらいの男性が迎えに来る。男関係から堕落していくのではないかと心配でたまらない」。

セラピスト「手当たり次第の援助交際や外泊をしていた頃に比べれば、少しずつではあるが確実に前進しているように思う」。

＃24　X＋1年5月第2週

母「夏子は一週間前から例の男性の家に泊まっているらしい。『心配しないで』という電話はときどきあるが、居場所は一切言おうとしない」。

セラピスト「夏子が家に戻ったときには、お母さんの心配と温かさが少しでも伝わるようなもてなしをしてあげてほしい」。

＃25　X＋1年5月第3週

夏子は二週にわたって面接に姿を見せない。

家に電話すると、母は「夏子の外泊先ははっきりしないが、仕事には毎日行っている。先日、お父さんと二人でガソリンスタンドの向かいの木陰から夏子の様子をそっと見ていたら、かいがいしく働き、給油の車が行き過ぎても深々と頭を下げていた。二人して目頭が熱くなった」と話す。

＃26　X＋1年5月第4週

母「昨晩、夏子が家に帰ってきたが、数万円を持ってすぐに出ていった。男にだまされて、体や金を貢いで本当に馬鹿だ。大切に大切に育ててきたのに、悔しくて悔しくてたまらない。殺してもやれないし、どうやって歯止めをかけたらいいのか」と辺りをはばからず嗚咽する。

＃27　X＋1年5月第4週

夏子が面接に来る。とりあえず穏やかな表情。セラピストが「いっちょまえに同棲してるのか」と聞くと照れて笑う。

セラピスト「親に居場所を知らせてないの？」。

夏子「押しかけてきて、私にではなく彼に文句を言うから」。

セラピスト「そう……。でもいつまでもそのままじゃ、こっちの立場もない」。

＃28　X＋1年6月第1週

母親から、夏子がアパートの住所、相手の名、年齢などを詳しく話してきたという電話が入る。

＃29　X＋1年6月第2週

夏子「仕事はきついが、頑張って働いている。彼氏が車にばかりお金を使ってしまい金づかいがとても荒い。ズボンは袋脱ぎ、寝タバコで畳は焦がすし、本当にだらしない。私は家計簿をつけて夕食の費用も切り詰めているのに」。

＃31　X＋1年6月第4週

夏子「昨日家に戻った。仕事から帰って御飯を作ったり、洗濯をやったりするのは予想以上に大変で厳しかった。家に戻って食べる母さんの料理はさすがにおいしい」。

＃32～41　X＋1年7月初旬～10月

夏子が家に戻ってからは、無断外泊はなくなるなど行動は落ち着き、翌春には一年遅れて高校に進学した。この間、父は出張に出る度に神社や寺院を参拝して、夏子の立ち直りを祈っていたという。

［本事例の検討・考察］

〈悩まない—直面化型〉の夏子には、その現実直面的な心的ベクトルを尊重し、共感的・受容的なかかわりを基本としながら、必要最小限の内省・洞察促進的な働きかけを交えて夏子の成長を待つという方針での援助を行った。また、夏子が表面的な反省の態度を示したときには、それらに与しないことで逆説的に夏子の内面の動きに寄り添うことなども心掛けた（＃1、＃12など）。

この時期、セラピストは夏子の外泊などの問題行動に対して、積極的な指導や介入は控えていたが、両親の焦りや苦悩に内心動揺させられることもあった（＃14）。

それでも母親には、親の心配や温かさがそのまま伝わるようなもてなしをと繰り返し依頼したところ、夏子は母の怪我をきっかけに家事を手伝うようになったり（＃16）、中学を卒業してガソリンスタンドに勤め出すなど（＃19）、行動が落ち着くかに見えた。しかし、その後、男性との同棲生活を始め、さらに両親を動転させた。ただし、セラピストは夏子の同棲を、かつての見ず知らずの男性と援助交際をしていた段階に比較して、より現実に即した自立への動きとして位置づけた（＃22）。

その後、夏子は、同棲体験の中で、家事や労働などの自立に伴う現実的な困難や辛さを身をもって味わい（＃29）、自ら家に戻り（＃31）、落ち着いた生活を送るようになった。

本ケースにおいては、セラピストが夏子の逸脱行動の意味を見据えながら、それらに振り回されることを控え、その心的ベクトルを尊重し、夏子の自己成長力や洞察や内省の力を見守り待つというプロセスにおいて、夏子が自ら両親との対決や自立への試み、親子関係の再構築などを行い、現実適応的な生活を取り戻していったものと理解できる。

3　タイプⅢ〈悩んでいる―まぎらわし型〉（事例5、事例6）

事例5

［少年］　C男　十七歳

［非行］　シンナー吸引

［生育歴、非行前の状況・態度］

C男が中一のとき、「いつも気弱で引っ込み思案だった自分を支えてくれ、心から慕っていた」兄が病死。C男は「何のとりえもない自分ではなく、優しく皆から慕われていた兄がどうして死ななくてはならないのか」とひどく落ち込み、以後、「生きていてもおもしろくない」と抑うつ的になる。

それでもC男は、長距離をがむしゃらに走ったり、死にものぐるいに筋トレに打ち込んだりして、自らを叱咤激励しながら学校生活になんとか適応していた。しかし、高校に入学した頃から「学校なんかに行っても仕方がない」と頑張る気力もなくなり、一年末に中退。その後、塗装工として働くが長続きせず、「ただ家にいるだけ」の生活が続いていた。

C男は「ほとんどひきこもりのような崩れた生活」を早くなんとかしなければ、という焦りや葛藤が強かったが、そこからなかなか脱却できず、それがより自分を落ち込ませることにつながり、精神的に辛い毎日を過ごしていた。

〈悩みの位置―悩んでいる〉

［非行の態様、非行後の態度］

ある日、C男は「これ以上、何もせずに家にいるわけにはいかない」と悲壮な覚悟で住込就職を決意した。いざ入寮という前の晩に、「気持ちを落ち着かせるため」と、過去何度か経験のあったシンナーを吸った。その結果、一時的ではあるが気持ちが楽になったという。

［援助］

C男の非行行動を、辛い現実を生き抜くためのコーピング行動、自助の動きのあらわれととらえ、セラピストが約半年間、受容的・支持的にかかわりながら、否定的認知と感情の悪循環など、抑うつ状態に対する認知療法的な援助も併用した。

［結果］

苦しいながらも前向きに暮らそうという姿勢を徐々に回復し、その後、仕事に精勤するようになった。

〈心的ベクトル―まぎらわし型〉

事例6

［少女］　秋子　十九歳

［非行］　シンナー吸引

［生育歴、非行前の状況・態度］

秋子が小学校卒業式の前日、母が異性関係から蒸発。秋子は一人で卒業式に出席し、以後、母に代わって家事をこなす毎日となった。

幼い妹が「お母さんいつ帰ってくるの？　お母さんいなくて淋しい」と泣きついてくるときには「おねえちゃんがいるんだから元気出しなさい」と勇気づけ、自分自身が悲しくて落ち込みそうなときには、一心不乱にテニスの壁打ちをした。しかし、父はそんな秋子の心情を思いやるどころか、帰宅が遅れ夕食の準備が滞ると平手打ちするなど秋子に辛く当たった。

秋子はもともと成績は上位だったが、十分な受験勉強もできず、本来よりもかなりランクを落とした高校に進学した。その高校で、両親が離婚しいじめられ経験があるクラスの友達から、「悲しいときはシンナーを吸うと気が紛れるよ」と誘われ、ときどき一緒にシンナーを吸うようになった。「悪いことだとは思っていたが、シンナーを吸うとなんだか気が紛れ、心の底からの淋しさやこの先の不安、父から辛く当たられることなどの苦しさを少しは忘れられた」という。

ある日、ほのかなシンナー臭を漂わせて帰宅した秋子を、父がひどく殴りつけ、あげくには髪をつかんで鋏で切り落とした。それに猛反発した秋子は、家を飛び出してしばらく女友達の家に居候した後、街でナンパされて知り合った年上のX男の家に同棲するようになった。

秋子は家事をまめまめしくこなし、パートに出て家計を助けるなど、X男の母親からはとても可愛がられたが、実は暴力団だったX男はとても嫉妬深く、秋子がパート先の男性と親しく話していたなどの些細な理由で、執拗な暴力を振るった。秋子はそこを逃げ出してはどこにも行く当てがなく、結局はX男のもとへ戻るという繰り返しだった。

ある日、秋子は逆上したX男に失明寸前の大怪我を負わされ、救急車で病院に担ぎ込まれた。その数日後、入院先の病院にやってきたX男は、さんざん悪態をついた挙げ句、秋子の所持金すべてを懐に入れ病院を立ち去った。

秋子は点滴の管を引きちぎってまで必死にX男を追いかけたがつかまらず、「見舞いに来てくれたと思ったら、所詮、お金目当てだった」と一気に全身の力が抜けた。そして、「もう、どこにも帰れる場所もない。いっそのこと死んでしまおう」という思いで、「自殺の名所」とされる地に向かった。

〈悩みの位置―悩んでいる〉

［非行の態様、非行後の態度］

しかし、秋子は「なかなか怖くて死ぬ覚悟もできず」、しばらくは茫然としてその場に座り込んでいたが、「とりあえずシンナーでも吸って悲しいことを忘れよう」と一人シンナーを吸った。そして、夕暮れになって朦朧としていたところを、通行人の通報によって保護された。

〈心的ベクトル－まぎらわし型〉

［援助経過］

＃1　X年2月第2週（鑑別所での面接）

秋子は「親から勘当されて、暴力団と同棲して、あげくの果てに、シンナーを吸って捕まって、鑑別所まで入れられて……」と、陰鬱な表情で話す。

セラピストが「あなた、小学校の頃から自分が寂しくても、家族のために一生懸命頑張って、それからもあんまりいいことがなくて、でもそれでもなんとか前向きにやろうって、シンナー吸いながら頑張ってきて……。シンナーあってよかったじゃない」と言うと、大粒の涙をぼろぼろとこぼす。

＃2　X年2月第3週（鑑別所での面接）

一回目と違って生き生きした表情。「いつも自分は小説に支えられてきた。いつも自分の気に入った本を何冊か肌身離さず持っていた。ここでも本ばかり読んでいる。『レ・ミゼラブル』という小説にとても心を打たれた」という。

＃3　X年3月第1週

「教会から銀のスプーンを盗んだが、神父に許してもらい、それに心を打たれて優しく立派な人になったジャン・バルジャン（『レ・ミゼラブル』の主人公）のようになりたい」と語り、セラピストの心理的援助のもとでの補導委託付試験観察（家庭環境に恵まれない子どもなどを提携の補導委託先で生活させながら適応観察を行う制度）

決定となった。

秋子が「ありがとうございました。少年院に行かないですんだのは先生のお陰です」と言うので、「あなたがこれまで一生懸命頑張ってきたお陰でしょう。でも、もうシンナーはだめよ」と返すと、「そんなこと、もう絶対にしません」と笑う。

＃4〜＃9　X年3月第3週〜6月第1週

その後の経過は順調。セラピストは秋子には受容的・支持的なかかわりを心がけ、その一方で、父親に気兼ねしながらも陰ながら秋子のことを案じていたが、今回の非行でその気持ちも失せかけていた父方祖母に、秋子の近況を折に触れ伝えるようにした。

＃10　X年6月第3週

雇主夫婦は「秋子は仕事をきちんとやってくれるのはもちろん、性格も明るく素直で、どうして非行をおこしたのか不思議なぐらい。二十歳になっても、帰るところがなかったらずっとここで働いてもらいたい」という。

＃12　X年7月第3週

祖母が秋子に一万円を添えた手紙を送る。秋子は、祖母が自分のことを案じていてくれたことに感激する。

＃13　X年8月第1週

祖母が秋子に会いに来る。「そば屋をやっている親戚が秋子を引き取って面倒を見てくれる」と伝える。

秋子は以前、祖母から贈られた一万円を「帰るときにおばあちゃんに何か買ってあげようと思っていた」と、まったく手をつけずに大切に保管しており、祖母は「昔の秋子が帰ってきたようだ」と目頭を熱くする。

＃15　X年9月第1週

最後の審判で、秋子は「人生は七転び八起き。これから先、また何かで転んでも、きっとまっすぐに起きて歩いていきます」と述べ不処分となる。

その後、秋子は二十一歳のときに、そば屋で知り合ったという誠実な夫と結ばれた。父はやはり結婚式に出てはくれなかったが、祖母が一切を取り仕切ってくれ、多くの友達や親戚の祝福を受け幸せだったという。

［本事例の検討・考察］

〈悩んでいる―まぎらわし型〉の秋子には、苦しい現実を一時的にしろ「まぎらわす」ことで現実を生き抜こうとする心的ベクトルを尊重・共感・支持したうえで、自我異質的、抑うつ的な状態を軽減させるための認知変容的な援助や、具体的な援助資源を確保することなどを心がけた。

たとえば、自己否定的な認知や感情にとらわれている秋子に対して、「シンナーがあってよかった」というリフレイミングにより、秋子のこれまでの辛さや、けなげな頑張りへの共感やねぎらい、尊重などの気持ちを伝えようと試みた（＃1）。その結果、秋子はこれまで心の支えとしてきた小説にも助けられ、前向きに生きようという姿勢を回復した。

その後は、補導委託という援助資源を付与し、支持的・共感的なかかわりと、唯一頼りとなりそうな身内であった祖母との関係調整を試みることで、セラピストの援助は終結した。

このケースにおいて、仮に非行行動を単なる「悪」ととらえて、矯正指導的なかかわりを行ったとしたならば、秋子の自尊感情はより低下し、立ち直りが困難になっただろうと推測される。

4　タイプⅣ〈悩んでいる―とらわれ型〉（事例7、事例8）

事例7

［少女］　D子　十六歳

相手にどうしたら良くなるかということを考える
↓
大きく誤りはしない
人格障害

［非行］　シンナー

［生育歴、非行前の状況・態度］

父はアルコール依存症で入退院を繰り返し、「頑張り屋」の母が、父の病気や家業に必死で対処してきた。しかし、その母も募るストレスに耐えかね、家出をしたり、自殺を図ったりすることがたびたびあった。

D子は、幼い頃から率先して父や母を助けてきたが、中学入学頃から「自分自身のことが受け入れられない」という気持ちに強くとらわれるようになり、精神的にひどく苦しみ、拒食が始まった。D子は中学卒業頃から、気分が上向いてやや活動的になったときに、友達と深夜、盛り場で飲酒したり、シンナーや薬物を使ったりするようになった。それらが気晴らしになることもなくはなかったが、逆に悪いことをしてしまったという自罰、自責の念に襲われ、より一層、追い詰められた気持ちになってしまうことがほとんどだった。そして、ますます自己嫌悪感が強まり、さらに落ち込み、抑うつ的になるといった悪循環が続いていた。

〈悩みの位置―悩んでいる〉

［非行の態様、非行後の態度］

D子は、始めたばかりのアルバイト先の先輩からセクハラまがいの嫌がらせを受け、精神的に参ってしまい「どうしてよいかわからない状態」に陥ってしまった。

D子は、両親に「苦しい、死にたい、殺してほしい」と助けを求めたが、親はそれに真剣に取り合ってくれず、自暴自棄になりシンナーを吸いながらカッターナイフで深い自傷を繰り返した。

〈心的ベクトル―とらわれ型〉

［援助］

セラピストによる危機介入的面接の後、精神科病院にリファー。入院。

［結果］
その後、明らかになった非行はないが、薬物への依存傾向は収まったとはいえず、拒食、自殺念慮などは依然として強く、深刻な不適応状態が続く。

事例8

［少年］　冬男　十九歳
［非行名］　窃盗　無免許運転　器物損壊
［生育歴、非行前の状況・態度］
父は冬男の出生直後から行方不明。深刻な精神疾患を患っていた母は、何人かの男性との同棲や、病院への入退院を繰り返し、冬男も幼い頃からの施設生活を余儀なくされた。
冬男が中学三年のとき、一時期、同居していた母に対して、「どうして俺を施設ばかりに入れるんだ」と拳で殴りかかり、それをきっかけに母は冬男を怖れ、遠く離れた福祉施設に入った。以来、母は冬男との接触を拒否し、冬男が福祉事務所に母の消息を尋ねても、担当職員からは「どこにいるかわからない」などとあいまいに返答されるばかりだったという。
冬男は十八歳時、スナックに住込就職した。仕事は真面目にこなすが、融通の利かない一本気な性格で、勤務先では同僚や客とのトラブルも多く、店を何度か変えざるをえなかった。
冬男はそれでもなんとか二年間近く自活をしていたが、孤独のなか水商売の仕事を続けていると、気がひどく滅入ってしまい、明け方に寮に帰ったあと布団に寝込みながら一人で昼頃まで飲酒することが頻繁になっていった。
「早く昼間のまともな仕事に就きたい」と思うのだが、身元保証人がないことからそれもかなわず、母親や、その居場所を教えない福祉事務所への不満を募らせると同時に「どうして自分ばかりがこんなに不幸なのか」と生い立ちへの不遇感にとらわれ、「先の希望が見えない」悲観的な毎日を過ごしていた。

〈悩みの位置―悩んでいる〉

［非行の態様、非行後の態度］

ある日、スナックでの勤務中、女性従業員の体を触ろうとしたある客の横行を咎めたところ、実は暴力団員であったその客の機嫌をそこね、衆前で店長からひどく叱責された。冬男は「自分は正しいことをしたのに、どうして怒られなければならないのか」と椅子を投げつけ、窓ガラスを叩き割って店を飛び出した。

泊まる場所もあてもなく、しばらく野宿をしながら住込みの就職先を探したが、ことごとく断られ、「もう何をやってもだめだ」と、発作的にアイドリング中の軽トラックに乗り込み車を発進させた。しかし、すぐに縁石に乗り上げ、ガードレールに衝突した車は走行不能となってしまった。逮捕された冬男は「すべてがうまくいかなくて絶望的になり、頭が真っ白な状態で、このままどこかに突っ込んでしまえという気持ちだった」と述べた。

〈心的ベクトル―とらわれ型〉

［援助経過］

＃1　X年11月5日（鑑別所での面接）

冬男はセラピストと視線をまったく合わせようとせず、ときどき顔を苦しそうにしかめながら、沈痛な面持ちでぼそぼそと話す。

最近は毎日のように不安になったりひどく落ち込んだりしていたこと、店を飛び出してからは住むところもなくなってしまい、絶望的な気持ちから、もうどうにでもなれと発作的に車を盗んでしまったこと、福祉事務所に出向いて母の居所を何度尋ねても、「母は冬男の暴力が原因でどこかの施設に入っている。居場所はよくわからない」などと繰り返されるばかりだったことなどを疲れ切ったように話す冬男からは、将来への絶望感、母と会えない淋しさや怒り、暴力を振るったことへの自責の念などが入り混じっている様子がうかがわれた。

セラピストが「そんなに辛い状況でも、これまで、あなたの力でなんとか頑張ってこられたのは？」と尋ねると、「とにかく母と会いたい一心で、仕事を一生懸命にやってきた」、「小さい頃から母に『仕事だけは真面目にやりなさい』と教えられてきた」と言う。

#2　X年11月6日

セラピストは母との関係性に焦点を定めて介入を行う方針を立て、まず、母の状況について施設に電話で尋ねることにした。担当ケースワーカーによれば、母には冬男と会ってみたいという気持ちもないわけではないが、冬男の暴力への恐怖も依然強く、施設としても、ただちに冬男に母の居場所を教えることは控えてほしい、ということであった。セラピストは冬男の審判日時を伝え、何か変化があれば連絡がほしいと依頼しておいた。

#3　X年11月15日（鑑別所での面接）

セラピストは冬男に、母はもともと入院治療が必要な重い脳の病気を患っており、冬男の暴力が原因で入院生活を続けているのではないと伝え、これまで福祉事務所の職員が母の居場所を教えなかったのは、それだけ大変な病気であり、冬男が落ち着いて生活できるようになるまでは母に余計な負担を掛けたくないと判断したからであって、それが結果的に冬男を責め、母の居場所をごまかしたりするような感じになってしまったのだと思うなどということを伝えた。

さらに、「今回、私も母の居場所を知ったが、もうしばらく母をそっとしておいてほしいという医師や職員の判断なので、私から直接あなたにその場所を教えるわけにはいかない」と曖昧にすることなく、はっきりと伝えた。

すると、冬男はセラピストの目をはっきりと見据え、「そういうことであれば、母と会うのはもう少し自分がしっかりとしてからにしたい」と自ら述べた。セラピストはそれを踏まえて、「もし今、仮にお母さんと話せたとしたら、どんなことを話したいか」とたずねたところ、「とにかく母には謝りたい」と言う。そこで、母への手紙を書いてセラピストに託すよう助言した。

＃4　X年11月22日（鑑別所での面接）

冬男は母に宛てた手紙を便箋にしたためていた。

そこには、「生まれて初めて、あなたに手紙を書きます」という書き出しから始まり、母と別れてからの自分の生活と、その中で多くの人に迷惑を掛けてしまったことへの反省。母の病気を案じており、これから自分は悪いことをしないできちんと働き、一日でも早く信用を取り戻そうと努力するので、自分が変わるのを楽しみに待っていてほしいということなどが、誠実につづられていた。

＃5　X年11月29日

審判の直前、担当ケースワーカーから、母からのことづけをぜひ冬男に伝えてほしいという電話が入った。その内容は「手紙確かに受け取りました。思いやりのない私に比べて、冬男はずっと立派だと思う。手紙が嬉しくて、自分の頑固な気持ちが揺らぎつつある。冬男についていけるまで私自身が成長したい。冬男が小さい頃に好きだったプリンをおなかいっぱい食べさせてあげたい」というものだった。

セラピストが便箋に書き写したそのメッセージを裁判官が審判で読み上げたところ、冬男はわなわなと肩を振るわせた。最後に裁判官も声を詰まらせながら更生保護施設への帰住を言い渡した。

セラピストは最後に、その便箋を封緘し「御守り代わりに持っていたら」と渡すと、冬男はそれを大事そうに内ポケットにしまい、服の上から胸に手を当てていた。

［本ケースの検討・考察］

〈悩んでいる―とらわれ型〉の困難な状況にあった冬男に対しては、危機介入あるいは短期療法的手法により、問題や苦境の悪循環をできる限りくいとめ、現実状況への新たな認知的・社会的構成をもたらし、冬男が少しでも生きる希望を持ち、現実にある程度、対処できるような力を回復したうえで、より長期的な援助機関につなげることを当面の目標とした。

具体的には、まず絶望的な状態にある冬男とともに、そうではなかったときの状況やこれまでのコーピングのありようについて共有することで、冬男の自己効力感を高め、援助方策の糸口を探り（＃1）、母の状態を「重い脳の病気」と定義することで、冬男が母に対してもっていた「自責の念」や「怒り」を和らげようと試みた。また、母に会いたいと思いつめるあまり、福祉関連職員に強引に迫り、危険性を感じた担当者が曖昧に対応することで、冬男がよりいっそう執拗に母を追い求めるといった悪循環パターンの変化をねらって、「私は母の居場所は知っているが教えられない」と明言した。

さらに、もし母と話せるならば「とにかく母に謝りたい」という冬男の想いを踏まえ、母宛てに手紙を書くことを勧めたところ、セラピストの予想外にもたいそう心のこもった誠実な手紙をしたためた。審判直前にそれに対する母からのメッセージが届くという幸運にも恵まれた。

セラピストはそれが冬男の当面の生きる希望となると考え、審判にて読み上げてもらうという「儀式」を行い、かつ、それをしっかりと封緘して「お守り」代わりに冬男に持たせた。そこには、はかない「希望」が、現実のリアリティーに損なわれてしまう可能性を少しでも抑えたい、先延ばしにしたいというセラピストの想いがあった。(5)

この時点では、少なくとも冬男は抑うつ状態から脱し、しばらくは希望と意欲を持って現実生活を送ることができるようになるものと思われたが、冬男の問題が根本的に解決されたわけではなく、今後、深刻な不適応や再

（5）　このときセラピストには、「一切れのパン」の物語が浮かんでいた。これは、ナチからの逃亡中に、ある若者が一人の老人からハンカチに包んだ「一切れのパン」をもらい、それを懐に最後の命綱として生きながらえ、終戦時にその包みを開けてみると、実は木切れだったというものである。

犯の可能性も予測された。そこで、処遇機関にD男の精神科医療措置の検討と、母との関係調整に関する配慮を要望し、セラピストの援助は終結した。しかし、その約二年後、冬男（二十二歳）は、年長の共犯者にしたがい深刻な犯罪を行い、逮捕されたことが判明した。

Ⅵ　考　察

1　統合的援助モデルの実践的有効性

本章においては、まず仮説的援助モデルを参照枠として、八ケースの臨床素材について、類型化や援助の概要を報告した。うち四事例については比較的詳細な援助プロセスを交えて報告した。結果として、タイプI、II、III型の非行少年に関しては、仮説的援助モデルに従った援助アプローチが有効であったといえる。

わが国では、受容、共感を基本姿勢とするクライエント中心療法的アプローチは非行臨床分野においても有力な援助手法と位置づけられている（遠山 一九九〇、藤森 一九九〇、羽間 一九九八など）が、実践現場ではこれに否定的な立場も少なくない。本研究により、受容・共感的アプローチは、心的力動性が現実適応的な方向にあるII、III型には効果的であるが、逆にI型の少年に対しては、より現実をごまかそうとする心的力動性を増長してしまうため、状態を悪化させてしまう可能性が高いこと、むしろ、I型の少年に対しては、現実直面的・教育的・行動変容的なアプローチがよりふさわしく、法的枠組みや権威を活用することにも積極的であってよいことが示された。

また、II、III型に対しては、双方とも受容・共感的なかかわりを基本としながらも、II型は内省・自己洞察的な方向性を、Ⅲ型は支持的・認知変容的な方向性を念頭に入れておくことが、より効果的な援助になりうることが示された。

ただし、Ⅳ型の非行少年に関しては、短期間内においては望ましい方向への変化が見られたかに思われたが、その後、深刻な不適応や再犯が確認された。この結果については、①危機介入的・短期的に当面の希望や現実への対処意欲を付与するという援助方針が不適切であった、②援助方針は適切であったが他の援助機関への「つなぎ」が不十分であった、③子どもの持つもともとの問題が非常に大きく、社会内処遇による心理臨床的援助には限界があった等の考察が可能であろう。

この点、①については、短期的な援助により一時的に希望が開けたとしても、その状況が現実的に続かなくなる場合も十分考えられ、その時点での対処に相当な困難が伴うだろうこと、また、Ⅳ型の少年には、その不遇な境遇を哀れむなどといった援助者側の逆転移的な感情により、本来必要であるかもしれない施設収容などの自由を拘束する措置よりも、支持的かかわりを優先してしまいがちであることなどにも留意すべきであろう。②については、我が国における司法臨床システムは、家裁、保護機関、矯正機関等とケースを引き継ぐシステムとなっており、一人の援助者が継続して一少年の援助に当たることはない。そこでは、援助者間の立場や見解の相違に加え、頻繁な転勤などといった現実的な制約もあり、なかなか「つなぎ」が理想通りに行かないという実情がある。③については、Ⅳ型の少年は、非行的態度や行動の問題と同時に、内的情緒的な問題や環境の問題も相当に深刻であるため、特に援助が困難であり、もとより心理臨床的援助の効果はあまり期待できないということが考えられる。

以上の点を総合すると、Ⅳ型への援助のあり方についてはさらなる研究が必要であるものの、結果として、タイプ別仮説援助論に基づいた援助の有効性がおおむね示されたことから、この仮説援助モデルの臨床的妥当性

（下山　一九九七）が検証されたと考えてよいものと思われる。この類型援助モデルにより、複数の心理臨床的技法を統合的に把握するための視点が提供され、援助者が非行少年のタイプに応じてより適切に援助方針を定め、より有効な援助を行うことが可能になったと考えられ、よって、このモデルは「実践的統合援助モデル」として、今後の活用が期待されよう。

また、本モデルを参照枠として、たとえば、一般の相談機関や学校現場などにおける援助方針として、II、III型の子どもに対しては、受容・共感的なカウンセリング的援助を継続していくことに意味のあることが多いが、I型の子どもに関しては、教育指導的・行動変容的なかかわりとともに、何らかの形で警察、児童相談所、家庭裁判所などとの関連機関との連携を保ち、法的枠組みを活用する準備と覚悟が必要であること、また、IV型の子どもに対しては、司法的機関はもちろん医療機関や福祉機関との連携を念頭に置き、可能であれば各分野の代表によるチーム援助を早期に実現するなどといった援助指針を立てることも可能であろう。

なお、本研究は、筆者の臨床実践経験を土台に、非行少年への心理臨床的アプローチのあり方に関するさまざまな見解を踏まえて、できるだけ簡潔な援助モデルを作成しようと試みたものであり、それだけに課題も少なくない。たとえば、四タイプそれぞれの名称は、平易な日常用語を臨床実践に取り入れようという意図によるが、その分、曖昧さの多く残る概念にとどまっており、今後、防衛機制理論やコーピング理論等に照らして、より厳密に定義される必要があろう。

また、非行臨床においては、家庭環境や交友関係、発達的視点、非行の深度等、さまざまな要因を総合して援助実践を行うべきであることはいうまでもない。本章における各実践事例に関しても、詳細な記述は略したが、それら複眼的な視点からの見立てや治療的援助が行われていないわけではない。ただし、筆者は、こと「援助の方向性」の判断の目安としては、家族関係などの要因よりも非行少年の「悩みに関する内的な力動性」が最大の鍵になると考えたため、モデル構築に当たっては、家庭環境や非行性などといった要因についてはまったく触れていない。この点、それらの要因をも組み込んだより総合的で精緻なモデルへの発展が望まれる。さらに、現場での臨床実践上の要請に迫られているとはいえ、多くの心理臨床諸技法に必ずしも精通しているわけではない筆者が、それらのエッセンスを踏まえた統合モデルの構築を試みたことに無理がないともいえない。

いずれにせよ、循環的な研究過程をその特徴とする実践型研究（下山　一九九七）の本質に照らして、本モデルをより実践的有効性や臨床的妥当性にすぐれたモデル作成のための仮説モデルとして位置づけ、今後の実践を積み重ねてゆくことで、さらなる修正や発展がなされてゆくことが期待されよう。

2　実践的有効性とは何か、援助とは何か、心理臨床とは何か

本章においては、「実践的有効性」という観点から統合的アプローチモデルの構築を試みたものであるが、何をもって「有効」な援助とみなすのかを突き詰めて考えてみると、その回答はなかなか困難である。

これまでの臨床実践を改めて振りかえってみると、筆者は非行や問題行動などの「悪」を、単に排除・矯正すべき否定的対象としてのみとらえるのではなく、子どもたちが苦境を生き抜いてゆくためのいのちの営みの現れ、あるいは、避けられない現実に直面し現実を引き受けてゆくための意味ある行動として意識している。そのうえに立って、おのおのの子どもたちの悩み方や苦境のありように即したさまざまな心理的かかわりを通して、いわゆる逸脱行動が現実状況を踏まえた社会適応的な姿勢や態度に変じ、彼らがたとえ苦境を抱えながらも、前向きにかつ個性的にみずからの人生を生きるようになることを目指している。

加えて、心理臨床が仕事として成り立つためには、そのような援助の実現が種々の条件に左右される確率の低いものではなく、臨床家の基本的姿勢および適切な見立てや援助スキルに支えられた比較的高い確率のものであるべきであるという観点がある。すなわち、「実践的有効性」とは、そのような援助をある程度以上の確率で実

現できることであり、心理臨床の営みは、とにもかくにも実践的有効性に裏づけられていなくてはならない。

ただし、以上に述べた援助の方向性や有効性の判断は、決して絶対的なものとはいえない。この援助のありようや心理臨床に対する姿勢は、すぐれて筆者の個性に由来するものであろう。ここにおける筆者の信条を述べると、「苦境を抱え、さまざまな限界に打ちひしがれてもなお、周囲への配慮を忘れず、前向きに生きてゆこうとする者こそもっとも尊敬に値する」というものである。

これが果たして正しいのかどうかはわからない。しかし、少なくとも、われわれが責任を持って臨床実践を行おうとする限り、「援助とは何か」、「心理臨床とは何か」ということについて自らに問い直し続けてゆかねばならないといえ、それは、すなわち「いかに生きるのか」という根源的テーマ（皆藤 一九九八）について考え続けてゆくことでもある。

たとえ心理臨床家として道の途上にあったとしても、その時点その時点に応じたそれら根源的テーマについての問い直しを避けての心理臨床というものはありえないということが、複数の臨床実践報告を通じて改めて明確にされたものと思われる。

第5章

非行臨床における家族療法的接近

I　問題と目的

これまで援助的な非行臨床実践とはいかなるものかという観点から、第3章、第4章と実践的研究を重ねてきた。第3章においては、セラピストの逆転移と称されうる内的体験、つまり、ある種の思い入れや心の共振を基盤としたセラピスト‐クライエント間の関係性がいかに心理臨床実践に意味を持つかについて論考し、第4章では、セラピストが最大限、援助的でありうるためには援助対象者の特性に応じた効果的なアプローチを統合的観点から模索する必要性があることを示した。ここで改めてこれまでの実践研究を振り返ると、以下の二つの問題について考える必要性があるものと思われる。

まず第一に、研究の論点をおおむね対象者の個人内、つまり、非行を犯した子どもの感情や認知や行動、あるいはセラピスト‐クライエント二者間の関係性といった個人心理療法の範疇にとどめようとするとともに、子どもたちを取り巻く家族や社会などの環境への介入や働きかけを副次的なものと位置づけている構えがある。これはとりもなおさず、筆者が個人療法のオリエンテーションから心理臨床に携わるようになり、あくまでも個人へのかかわりを原則とすべきといった先入観を持っていたことによると思われる。

しかし、これまでの事例報告からも明らかであるように、非行臨床においてはその理解にしても援助にしても、子どもをとりまくシステム、家族その他の社会的関係のありようは決して無視できない要因であり、実際のところ、それら家族や環境システムへの働きかけを余儀なくされることがほとんどである。

本研究における重要な観点は、心理臨床がいかに援助的でありうるかというものである。その意味で、個人心理療法の原則にとらわれるあまり、家族などの拡大システムをことさら視野外にとどめたり、それらへの介入を不自然に避けたりすることや、あるいは逆に、個人の理解と変化のための方法論のみをもってして家族その他の対人関係システムに介入するということは、どちらも効果的な援助にはつながらない可能性が高いといえる。(1)

第二は、「悪」のとらえ方についてである。論を追うごとに、「悪」なるものを単純に排除、矯正すべきものととらえず、「悪（与苦）」をなすということは子どもたちのいのちの営みの発露であり、生きるための対処行動であり、彼らの個性化や自己実現などに深くかかわるものである、そして同時に、不幸や不平等などのさまざまな「悪（受苦）」がそこに分かちがたく絡み合っている、したがって、単純に「悪」を排除するという立場には与しない、といった筆者のスタンスが浮き彫りになってきているものと思われる。

しかし、第1章で述べたとおり、非行心理臨床の前提は子どもたちが法律上規定される「悪」を為したという事実であり、そこにおいては当然「悪」の矯正や排除が期待されている。したがって、このパラドクスをいかに臨床実践に組み込むのかという困難な問題は依然として残されたままである。

以上の問題意識に基づき、本章においては、個人心理療法において体現されるような共感的なありようをセラピストの基本姿勢としながらも、そこに家族療法やシステム療法の知見やスキルを統合的に組み込むことによって、より精緻で豊かな理解や援助が実現される可能性(2)について検討するとともに、「悪」を通じての個性化とい

---

(1) 同様に、非行以外の心理臨床実践において、個人療法を標榜する心理臨床家が、図らずも家族などと接触し、介入せざるをえないといった状況はそれほど少なくないが、あくまでもそれらは付随的なものとみなされ、その意義や方法論、メリットやデメリットなどについて十分論考されていないケースも少なくないと思われる。

(2) 参考までにワクテル（Wachtel, 1994）は、個人療法と家族システム論との統合的視点から、家族を対象とする心理療法において、行動療法、認知療法、精神分析的心理療法などのさまざまな理論アプローチによる介入を行ったケース複数を例示し、セラピストにとって重要なのは「排他的」視点ではなく「包括的」視点に立ち、さまざまな視点を通して子どもの問題について考え、多岐にわたる介入方法をいつでも利用できる状態にしておくことであると論じている。

また、平木（二〇〇三）は、家族（関係）療法を中心に据え、個人内の心理力動、個人システムの言動、対人間力動、集団システム間力動を時間の流れの中でとらえ、それら階層をなすシステムの複雑な循環的変化の中で問題解決を思考する統合モデルを提唱している。

うパラドキシカルなテーマをどう心理臨床実践に体現しうるのかということについても考察したい。

II　個人療法と家族療法の統合的アプローチ

1　家族療法発展のプロセス

家族療法発展のプロセスは、当時の主流な心理療法であった決定論的精神分析療法へのアンチテーゼに始まった。精神分析療法においては、家族などの個人を取り巻く環境への積極的な働きかけはタブー視され、クライエント個人に限定した治療がなされてきた。その理由として、セラピストが家族にかかわることで、家族がさまざまな意味で動揺したり、逆にセラピストが家族の混乱に巻き込まれたりするなどといった弊害のほかに、近代科学が依拠する因果論的認識によって、個人を超える環境や両者の関係性までをも合理的に把握するには、変数が多すぎて複雑に過ぎるという限界もあったものと思われる（藤田 二〇〇六）。

しかしながら、現実として個人の悩みや心理的問題に対する家族や環境の影響は決して無視できないものであり、さらには個人の回復のよりどころにもなり得るものでもある。そこで、一九五〇年代以降、さまざまな要素や集合の関係性やその相互影響過程を把握しようとする一般システム論（Bertalanffy, 1968）という新たな認識論に支えられ、単なる個人にとどまらず、家族をはじめとする環境そのものを問題の理解や治療援助に生かそうとする家族療法が生み出された。

たとえば、G・ベイトソン（Bateson, 1971）は、古典的精神分析における直線的因果論への傾斜に対する批判から、一般システム理論を精神医学、心理臨床領域に応用し、個人の問題や症状を、それを取り巻く環境との円環的・循環的な相互作用から把握することで、前提として患者個人に付随するとされてきた症状の局在論を脱し、患者を含む家族のコミュニケーションもしくは対人関係ユニットそのものが問題や障害を成り立たせ、また解決・改善の手がかりともなるといったシステミックな「ものの見方」を鮮明に打ち出した。

以来、家族システムにおける親密性や力関係、歴史的影響、症状・問題の意味や機能、相互コミュニケーションの影響などといった観点から問題を見立て、IP（Identified Patient）を取り巻くシステムの変化を促すことで、症状・問題の改善や変化をはかるといった家族療法が台頭し、構造派（Minuchin, 1974）、多世代派（Bowen, 1978）、コミュニケーション派（Fisch, et al., 1982）、戦略派（Haley, 1980）などに代表されるそれぞれの立場から、次々とその臨床的有効性が示されていった。

2　非行臨床における家族療法

非行少年に対する心理臨床的理解と援助も、おおむね精神分析学をよりどころに始まった（我妻 一九八一、水島 一九九九など）。しかし、家族や環境の影響を強く受ける非行少年への心理的援助においては、もっぱら個人に焦点を当てる「直接的治療」ばかりでは限界があり、広範な「間接的治療」手段にも通じている必要があった（Rogers, 1939）。

その意味で、家族療法は今日、わが国の非行臨床実践においても主流なパラダイムの一つとなっており、多くの研究者や実務家がその有効性について言及している（団ほか 一九九三、廣井 一九八九、生島 一九九三など）。

基本的にシステム論によれば、ある問題や症状はそれをとりまくシステムにおいて、さまざまな要素が複雑に影響しあっており、その原因や責任の所在は特定困難とされる。したがって、いわば子も親も誰をも「悪者」と同定することなく、非行という症状や問題を維持させている（家族などの）システムの布置を変えるなどして、症状を消失させたり、問題を問題として成り立たなくさせたり、あるいはより適応的な行動などに置き換えるなどといった介入が目指される。

当初、個人心理療法をオリエンテーションとして非行臨床実践に携わっていた筆者も、システム論やシステム療法の必要性を実感し、主としてコミュニケーション派による家族療法を学び、その後の実践活動に積極的に取り入れるようになった。そのプロセスにおいて、筆者は家族療法やシステム的認識論の「ものの見方」に目を開かれ、さまざまな関係性の側面からある現象を全体的・包括的に理解することの意義や有効性を十分に実感する一方で、ある種の違和感を抱くようにもなっていった。

それは、システム論に偏向してしまうと事象の関係性や相対性を重視するあまり、人の行為や態度の責任、心の痛みや苦しみ、怒りや憤り、不平等感や不公平感などといった情的・実存的・倫理的な側面を軽視することにもつながり、われわれが人生を生きるうえで決して無視できない「善悪」や「正義」や「因果」などといった観点が、あまりにも相対化・脱価値化されすぎて、クライエントの理解や援助の視野外に追いやられすぎてしまうのではないかといった違和感であった。

3　個人療法と家族療法の統合的アプローチ

善悪や因果、責任性などの相対化や脱価値化は、勧善懲悪的な「悪」の抑圧や排除とは対照的であり、一見、心理臨床の方向性に沿うもののように映る。

筆者のこれまでの視座も、非行という行動を単なる抑圧・排除すべき「悪」としてのみとらえるのではなく、そこに子どもたち一人ひとりの人生における意味を見出し、多義性を持つ「悪」を生きることに統合してゆく、言い換えれば、「悪」を有機的に組み込んだ個性化や自己実現のプロセスを見据えるというものであった。確かに、そのような意味での「悪」の相対化や脱価値化を目指してきたとはいえる。

しかし、一方で、関係性、相対性、循環性の側面からすべての事象を把握することによって、「悪」を雲散霧消しかねない、つまり、人間存在のありようを希薄化してしまいかねない突き詰めたシステム論的なものの見方は、筆者の志向性を十分に体現するとは言いがたい面もまたあった。

さらには、行動の善悪や原因、責任の所在を明確にすることが前提である司法の土台の上に成り立つ非行臨床において、線型因果論的な「ものの見方」を否定してしまうことへの抵抗感さえ抱くようになった。それは、筆者にとってある種の自己矛盾といえ、ここで再び、「悪」とは何か、「幸不幸」とは何か、「援助」とは何か、「心理臨床」とは何かなどといった根源的な問題に直面させられ、それらのテーゼを組み込んだ心理臨床実践というものを具体的に論究することに迫られた。

そこで本章では、個人の感情や実存的な側面を重視する個人療法的アプローチと、人と人、人と家族、人と社会などの関係性を重視する家族療法的なアプローチを併せ持った事例理解や援助のありようを検討・考察するための参照理論として、I・ボソルメニイ-ナージ（Boszormenyi-Nagy）による文脈療法（Contextual Therapy）をとりあげる。文脈療法は、システム志向ではあるが、同時に個人の情感や共感性、倫理感やモラル、公平さや平等観なども重視しており、個人療法と家族療法の統合的理論（Goldenthal, 1996）と位置づけられている心理療法理論である。

Ⅲ　文脈療法理論

1　ボソルメニイ・ナージと文脈療法

I・ボソルメニイ・ナージ（以下、ナージとする）は、M・ブーバー（Buber, 1958）の実存哲学、R・フェアバーン（Fairbairn, 1954）らの対象関係論の影響を強く受け、それらの洞察をより明確な関係モデルに弁証法的に統合することによって、人間関係における関係倫理（relational ethics）と実存的なかかわりを重視する文脈療法（Contextual Therapy）を提唱した。

ナージは、人と人との関係性に焦点を当て、その「現実」（relational reality）を、客観的事実（Facts）の次元、個人の心理（individual psychology）の次元、交流パターン（transactions）の次元、関係倫理（relational ethics）の次元といった相互に連関する四つの次元から理解しようとした。問題や症状をとりまく「（関係性の）現実」が、家族の中でどのような文脈において形成されてきたかを理解し、治療につなげることから、「文脈療法」という名の由来がある（Boszormenyi-Nagy & Spark, 1973；Boszormenyi-Nagy, et al., 1991, 平木 一九九七）。

第一次元の客観的事実（Facts）の次元においては、遺伝や器質的要因などに基づく生物学（biology）的事実や、出生順位、親の死別や離婚、あるいは、災害、戦争などといった社会的・歴史的事実（socio-historical givens）などの既に起きてしまって動かすことのできない客観的事実を踏まえて、現在の問題・症状などが理解される。

第二次元の個人の心理（individual psychology）の次元では、個人内の心理機制、つまり、心理力動論、学習理論、自己理論などにより理解されうる心理状態が、問題や症状にどのように影響しているかを考える。

第三次元の交流パターン（transactions）の次元は、個人を越えた家族システムレベルのコミュニケーションのパターン、構造、機能など、いわゆる一連の家族療法理論が明らかにしてきたような関係性や相互作用が、いかに問題や症状を成り立たせているかといった観点である。

第四次元の関係倫理（relational ethics）の次元は、他の三次元を包括する文脈療法の中核的論理であり、忠誠心（loyalty）、公平さ（fairness）、権利付与（entitlement）などといった倫理的・実存的観点から関係性の現実（relational reality）を理解し、家族や個人への援助を行うものである。

2　関係倫理の次元——忠誠心、公平さ、権利付与

(a)　忠誠心

「忠誠心」（loyalty）は、家族をはじめとする集団内において、個人に集団への献身、傾倒、誠実さを期待し、集団を結び付ける心理的な絆である。集団に忠誠な個人は、周囲の期待を精神的に内面化してそれに呼応する態度を持ち続けようとし、それは、強制力や掟のごとく嫉妬や罪悪感の源となる。

特に、家族における忠誠心は、親から生まれたという宿命的な事実に大きく由来し、多世代にわたって脈々と受け継がれる。それは人間関係の根本に潜む、目に見えないが強力な綾である。忠誠心という概念により、動機づけ理論などの個人心理学の次元を超えた、複雑な人間の行動の理解が可能となる（Boszormenyi-Nagy & Krasner, 1986, 平木 一九九七）。

(b) 公平さ

「公平さ」(fairness) とは、人間関係における人間存在の基本となる倫理観である。人間の自己価値観 (self validation) は、他者に与えることと他者から与えられることの公平なバランスの中で形成され、その授受の収支 (a balance of giving and taking) は、「金銭出納帳」(ledger) にたとえて把握される (Boszormenyi-Nagy & Krasner, 1986)。

人間相互の親密性や信頼感には、公平なやり取りに基づく双方の平等感 (equitability) が本質的に存在するとされ、家族の信頼関係も、家族全員の多角的な授受のバランスが公平であることや、家族の一人ひとりが家族それぞれの思いに配慮し、それが相互授受的であることによって成り立つものである。

(c) 権利付与

文脈療法においては、利他的な行為によって自己価値観として得られる精神的利益 (merit) が重視され、それは「建設的権利付与」(constructive entitlement) と呼ばれる (Ducommun-Nagy, 1998)。建設的権利付与を持った者は子ども時代に慈しみや配慮を受けて育てられ、その恩恵により、人を配慮し思いやることを通じて自己価値を高めるという能力が備わっている。そして、たとえ逆境や不幸を経験しても、他者の痛みや傷つきに配慮し、自分の言動の他者への影響を考慮しようとする。

子どもは親から生まれたという厳然たる事実に基づいて親に忠誠心を持ち、意識的・無意識的に親を案じ、家族の安定を目指して行動するが、虐待や放任などの例に典型的に見られるように、子どもの気配りや配慮が親に報いられることなく、逆に、不当に扱われたり搾取されたりして過剰な痛みや不公平な経験を重ねると収支は大きな赤字になり、「破壊的権利付与」(destructive entitlement) を身に付けてしまう。これは、他者の欲求や痛みに対する感受性や配慮に欠けた鈍感な状態として表現されやすく、本人は、親などとの関係に由来する出納帳の赤字分を、その意識や自覚なしに親以外の第三者から埋め合わせようとしたり、第三者に復讐の矛先を向けてしまう（substitutive revenge）かのごとくの行動を示し、連鎖的に他者の不幸を引き起こしてしまう（Boszormenyi-Nagy & Krasner, 1986；Boszormenyi-Nagy, et al., 1991）。

(d) 多方面に向けられた肩入れ

文脈療法において中核となる援助技法は「多方面に向けられた肩入れ」（multidirected partiality）である（Goldenthal, 1996）。

セラピストはつとめて家族メンバーの一人ひとりに対して適切な場面で、その個人が家族の歴史の中で背負わされている重荷や、それに伴う「権利付与」（entitlement）に対して共感し、積極的な肩入れや「特別の支持」（side taking）を行おうとする。それを媒介として、それぞれの家族メンバーが自他の背負っている重荷や不公平感や不平等感、不当に扱われたという思いや報われないなどといった思いを、家族が互いに認め合い（acknowledge）、痛みを分かち合ったり、許し（exonerate）合ったりすることにより、他者への配慮に乏しい権利侵害的な態度や行動を、より建設的なものに変えていくことが援助の原理とされる。換言すれば、思いやりや配慮のあるかかわりができない破壊的権利付与を持っている者が、他者や家族から承認や配慮を受ける機会を得ると同時に、自ら他者に感謝を伝え、愛情や関心を示すなどといった「与える」機会を持つことによって、過去が癒され、他者や家族との新たな建設的関係を持てるようになることを目指す（Boszormenyi-Nagy & Krasner, 1986, 平木 一九九八）。

文脈療法における治癒への楽観性は、単純な人間性善説でも、個人や人間関係に潜む深刻な病理の軽視でもなく、他者を思いやり配慮することを通じて人が癒されてゆくということへの確かな信頼である（Ducommun-

Nagy, 1998)。

3　文脈療法による非行理解と援助

文脈療法は統合失調症の治療から発展した臨床理論であるが、以上のように、歴史的事実や生物学的次元、個人システムの次元、家族などの拡大システムの次元などを包括したものであると同時に、個人の報われない気持ち、忠誠心や不平等感、正義感などの情感や、人間が生きるうえでの倫理性や道徳性を積極的に援助に取り入れようという統合的理論であり、非行臨床においてこそ十分に活用できる理論であるとさえ思われる。以下、筆者の臨床実践事例を素材に、文脈療法による非行理解および援助について検討し、その有効性や限界について考察する。なお、素材として

1. 当時、筆者に文脈療法の視点がなかったことから、事例理解が浅く、援助が失敗に終わったと思われるケース（事例1）
2. 文脈療法に基づく理解を取り入れたことにより、膠着していた面接関係が大きく進展したと思われるケース（事例2）
3. 文脈療法に基づく理解・援助により、援助が奏効したと思われるケース（事例3）

の三例を取り上げる。なお、それぞれの事例に関しては、本質を損なわない範囲で相当程度の改変を行っている。

Ⅳ　臨床実践事例

多世代型家族療法的立場から

1　事例1

［少年］　A男　十九歳

［臨床像］　色白でおとなしい感じ

［家族］

A男が八歳時に両親は離婚。以来、実父はA男との接触なし。離婚原因は、実父が酒浸りで働かず金銭に窮したことと実母の異性関係。自身も賭け事と飲酒で身を持ち崩した父親に半ば放任で育てられた実母は、離婚後も男性関係が絶えず、A男は母の愛人がやって来るたびに家を一時的に追い出され、常に実母から「金がない、金がない」という愚痴を聞かされていた。

A男は中学を卒業して以来、母と一緒に暮らした経験はないが、今でも母と暮らす妹のことが気掛かりでならないという。

［経緯、非行等］

A男は中一時、近くに住んでいた二歳上のいとこに従って民家に忍び込んだことをきっかけに、金銭盗を繰り返すようになり、中二のときに養護施設に入れられた。その後、実母はある男性と共に音信不通となり、A男は中学卒業と同時に施設を出て二年間、遠洋漁業漁船（「マグロ漁船」）従業員として働いた。

周囲は皆年上の男性で、暴力や性的嫌がらせなどを受けたこともあったが、数百万円を稼ぎ、再び施設に帰住。しかし、施設の先輩らに無心され大金を貸したり、毎晩、飲み歩いてはホステスに金銭を貢ぐなどして豪遊し、施設を約一か月で追い出された。所持金も約三か月で尽きてしまい、再び空き巣、金銭盗を繰り返して逮捕され、少年鑑別所に入れられた。そのとき居所をつきとめた家裁からの呼び出しに、母は一切応じなかった。

　A男はいったんは社会内処遇となり、土木作業員として住込み就職したが、一か月後、事務所から金銭を盗んで少年院に送られた。母がA男の引取りを拒否したため、仮退院には通常より長い期間を要し、故郷を遠く離れたある施設が帰住先となった。

　A男はスナック従業員などとして働くも長続きせず、生活態度も乱れ、二か月でその施設を退所させられた。そして、しばらくは健康ランド泊や野宿を続けたが、所持金も尽き、商店に侵入して金銭を盗み、再び鑑別所に入れられた。当時、家裁調査官であった筆者（以下、セラピスト）が担当となった。

［援助実践］

　A男は窃盗が常習化しているが、自我異和的な葛藤や苦しさを抱えており、いわゆる共感性に乏しい犯罪者的性格が固定しているという印象は受けなかった。また、母との関係修復を望んでおり、少年院仮退院後も母親に毎月一万円を仕送りしていたという。

　しかし母は、セラピストからの電話による問い合わせに、「二十歳近くにもなって、相変わらず悪いことをやっている奴を引き取るわけがない。妹も受験で忙しい。こんなときに迷惑をかけられても困る」ととりつくしまもない態度。A男も今回ばかりはさすがに、母が自分を見捨てているという現実を受け入れざるを得なくなった。

A男：　お母さんのことはもう考えないほうがいいのかも……。

セラピスト：　……

A男：お母さんのことでは、あんまり……。
セラピスト：……子どもとしては……よくがんばってきたよな……、マグロ漁船乗ってまで……。
A男：……(涙)…… あんまりもう（母を）あてにしないで、自分のことを考えてやんなきゃと……、もう二十歳だし。
セラピスト：あんまりいいことなかったかもしれないけど……、あなただからそこまでやってこれたのかもなあ……、でも、そろそろ自分だけのために、あなたのその力とか能力を使ってもいいかもしれないなあ……。

気力の失せた表情で、当初は自分の処分がどうなるかについてもほとんど関心がなかったA男が、このようなやりとりを何度か経て、「二十歳前の最後のチャンスに、もう一度だけ一人できちんとやりなおしてみたい」と、控え目ではあるが覚悟を持って語るようになった。

セラピストは、A男に母を見限る姿勢が出てきたことは望ましい変化であると判断し、文字通り最後のチャンスとして、不十分ながらもA男の愛情飢餓感への配慮と、職業適応による自活を期待して補導委託（家庭的に恵まれない少年などを提携の補導委託先で生活させる制度）とした。

委託先では、初対面の担当者夫妻に対しても控え目だが礼儀正しく挨拶したり、自分に出された座布団を畳にじかに座っている妻に差し出したりするなど、こまやかな配慮ができるA男であった。

A男は担当者夫妻の親身の指導や援助に支えられ、近くの工場で一生懸命に働いた。約四か月間を順調に過ごし、成人間近になって職場の雇用主のはからいで会社寮に住み込めることとなり、セラピストの手を離れた。その後も、A男は仕事関連の資格を取得するなどし、経済的には苦しいながらも、つつましい生活を送っていた。

セラピストがA男のことも忘れかけていた約一年後、突然、電話があった。「母さんが、金に困っているから

家族のカルマ

五万円送ってほしいと電話をかけてきた。どうしたらいいのか困ってる」というものであった。A男の意向を問うと、「お金を送ってあげたいという気持ちもあるが、そうすると自分のためにも母親のためにもならない気がする。それに、自分の生活もぎりぎりで、送るお金もないし」とやや迷いながらも述べる。セラピストは「ほんとうにそのとおりだと思う。自分の生活を大事にするのが優先。頑張って」と声を大にして伝え、電話を切った。

A男が雇主から現金五万円を盗んで逮捕されたことをセラピストが知ったのは、その約一か月後のことであった。

［事例1の検討・考察］

事例1は、セラピストに家族的な歴史や関係性などに対するきめ細やかな理解がなかったため、A男への理解が不十分で、結果的に援助が失敗に終わったと思われるケースである。

A男は、金銭的に絶えず困窮しているがみずから働こうとせずA男の養育を放棄する母親のもとに生まれた。実母も、家族の生活のために働くという意欲のない父親に半ば放任で育てられ、そのような親の姿勢が、家族の「心理的遺産」（Boszormenyi-Nagy, et al., 1991）として受け継がれている。

文脈療法によれば、A男の金銭への強い執着心や綿々と続く金銭盗は、深刻な愛情飢餓に対する金銭での補償などといった個人心理学的側面からの理解を越えて、多世代にわたる「心理的遺産」（legacy）の引き継ぎ手である母親や家族への「忠誠心」（loyalty）が強く影響しているといった理解が可能であろう。「忠誠心」は、たとえそれが非合理的なものであったとしても、それに反する態度を示したり、そこから自由になろうとする際には、個人の存在を脅かすような言いようのない罪悪感の源となるものであり、個人の理性や意志により容易に克服できるものではないとされる。

一方、セラピストはA男個人に対する共感的・支持的なかかわりを通じて、極端な言い方をすれば「百害あって一利もない」、「諸悪の根源」と内心断罪していた母親との関係回復を諦める方向に導き、A男の内的資源や残された活力を自立に向けて生かそうというスタンスで援助を行った。その結果、経過良好に援助期間が過ぎ、その後も、母親とは距離を置いた地道な生活を続けてゆくものと予測された。

一年後の突然のA男からの電話に対しては、母親からの金銭無心を拒むという「理性的」な態度を強く励ました。しかし、そのような、いわば安易に母との関係、すなわち「悪」との関係を断ち切ろうという方向のみの働きかけは、文脈療法の立場からすると明らかに不十分な援助であったと言えるだろう。家族的な歴史を背景としたA男と母親との、一言では割り切れない関係性のありようや、忠誠心に由来するA男の深い葛藤など、つまり家族に根深く息づいている「悪」の複雑さにしっかりと目を向け、それらをA男と共有するなどの試みや配慮を行っていれば、その後、異なった展開の可能性があったものと推測される。

2　事例2

［少年］　B男　十八歳

［臨床像］　実年齢よりもかなり老けて見え、子どもらしい生き生きとした表情がなく、冷たい形相。

［家族］

B男は、実兄からの執拗な肉体的・精神的虐待を受けていた。しかし、父は兄の復讐や、問題が大きくなることを恐れて、ことなかれ主義的態度をとってきた。そのため、B男の父への恨みや不信感は根強い。父はセラピストとの面接でも、当初、責任回避的な態度が目立っていた。

実母はB男の幼児期に他界し、B男は実母についての記憶はほとんどない。父はB男が五歳の頃、継母と再婚。四歳上の兄は、馴染めなかった継母との喧嘩が絶えず、継母がそれを苦に家を出ることがたびたびあった。

［経緯、非行等］

兄との接触を恐れるB男は、家では自室に閉じこもりきりになり、トイレにも行けずペットボトルに用を足すなどしていた。父は、家庭で我が物顔にふるまう兄の機嫌を取ってなだめようとするばかりで、B男を積極的に庇うような姿勢はなかった。

B男は、当初は兄のふるまいにも健気に耐え、小学校でも明るくふるまっていたが、夜も安心して眠れず、苛々も募り、学校では居眠りやかんしゃくなどが目立つようになり、教師からも叱られることが多くなった。兄の暴力は次第にエスカレートし、中一の頃にはゴルフクラブで殴られ、入院を余儀なくされた。その後、B男は学校にも行かなくなり、兄からの暴力は依然として続いた。この時点で、父は初めて警察に援助を求め、児童相談所がかかわる運びとなった。その際、兄の一時保護が検討されたが、父は「事態は以前より好転した」と述べ、それを回避してしまった。

その後も、兄はB男の部屋の鍵を無理やり壊し、B男を金槌で殴りつけ小遣いを奪うなど、執拗な暴行が続いた。B男は護身用に小型ナイフを購入し、その数日後、「金をくれ」と部屋に無理やり侵入してきた兄をそのナイフで刺して重傷を負わせた。B男は少年鑑別所を経て、児童自立支援施設に送られたが、すぐに施設を抜け出し、通行人を脅して金銭を奪っては逮捕され、今度は少年院に送られた。

少年院仮退院の際には、自宅にいる兄が「家に帰ってきたらぶっ殺してやる」などと息巻いていたため、ある施設に帰住した。しかし、再び約二か月で施設を逃げ出し、通行人を後ろからいきなり殴りつけ金銭を奪い、再度少年院に入れられた。当時のB男は、「逃走中の自分の立場だったら強盗も仕方がない」と平然と述べ、「少年院に送ったら大暴れする。親もぶっ殺す」などと声高に叫ぶなどして、反社会性人格の固定化、処遇の困難性が指摘されていた。

B男は再び少年院仮退院となったが、両親にはもちろん指導担当者にも従わず、生活態度が荒れていたことから、再度の少年院収容を見据えて少年鑑別所に入れられた。このとき初めてセラピストが担当となった。

［援助実践］

初回面接でのB男は、人への恨みや不信感が非常に強いといった雰囲気で、セラピストの問い掛けをすべて被害的に歪めて受け取っては攻撃的に応答してくる。率直な対話のやりとりがまったくできず、性格的な偏りが非常に強いという印象を受けた。

こちらが、B男がこれまで背負ってきたはずの苦難に対して精いっぱい共感する姿勢を示しても、それがまったく受け入れられないばかりか、逆にB男の不信感を募らせ、面接そのものさえも続けられなくなってしまうような底知れぬ無力感に襲われ、強い疲労感の中、面接を終えることとなった。

ただし、気のせいかもしれないが、面接の後半頃からその攻撃的な態度の中にも、内心の動揺をなんとか抑えて辛抱して傾聴しているセラピストの姿を、悟られないようにちらりちらりとうかがうB男の視線が感じられた。セラピストはたいそう気が重いながらも、B男の頑なで人を寄せ付けない堅い態度の奥底に、信頼に値する者と良い関係を持ちたいという思いや、何かしらの生きる希望を持ちたいという健全さが、もしかしたらあるのかもしれないと自らに言い聞かせるようにした。

次回の面接では、はたして頑なな姿勢が若干緩んでおり、双方向の対話がわずかではあるが可能となっていた。しかし、「(事件の）記録には自分の悪いところしか書いてないじゃないですか。俺をまた少年院に入れるためですか」、「少年院を出てからは自分なりにがんばってやってきたのに、周りの大人は皆、自分を狂人扱いして、仕事などで困っているときにも、誰も親身になって相談に乗ってくれなかった。今回、また鑑別所に入れられたことにはまったく納得できない」などと凄みのある形相で主張してくる。

そんなB男の態度が大きく変化したのは、かつて兄をナイフで傷つけたことについて語った後だった。B男は「兄を刺してから、周囲の人すべてに精神病だとか、狂っているとか見られ、変な心理テストまでやらされて、施設や少年院にも何度も入れられた」と激しく訴えた。しばしの沈黙を経て、セラピストは「兄さんを刺せてよかったじゃない……。それであなたが殺されなくて済んだんだから……」とひっそりと返答した。

長く押し黙ったB男は、それまでとは一変した口調で、静かに穏やかに、「ずっと自分には何かが足りないような気がしていた」、「自分の生い立ちからは子どもらしい時代が抜けている」、「家族に囲まれて楽しく暮らしてきたという経験がない」と語り、再び押し黙った。

セラピストが、「なんでだろう、どうしてなんだろうと思うんだけど、不平等なこととか、神様は本当にいるんだろうかとかいうことなんかが現実にあったりして……」、「だけど、おこがましい言い方かもわからないけど……、あなたのその強さとか、もともと持っていた優しさで、きっとこれからでも、その足りないものをなんとか埋め合わせて、人の役に立てるような立派な人になれると思う……。なってほしいと思ってる……」と言葉に詰まりながら伝えると、B男は天井を向きながら、じっと涙をこらえていた。

しばらくしてB男が「少年院に入れられますか」と聞いてきたため、「その可能性は高いと思う」。「何度も少年院に行ってだめなやつだと思われますよね」、「そう思う人も結構いるとは思うけど、どんなに恵まれない境遇の中でも、まわりの人たちに配慮して前向きに頑張っている人こそ、どんな人よりも本当に尊敬されるべき人だと思ってる」と返答する。

その後、両親との面接では、B男がこれまで家族の中で背負ってきた不平等を改めて確認し合った。父には相変わらず言い訳がましい面も見られたが、B男を案ずる気持ちは決して弱いわけではなく、なんとかしたいという気持ちは十分にあるものの、肝心な場面で逃げ腰になってしまうといった弱さを自分でも抱え切れないといったことが語られた。なお、父は面接当初、B男との直接対面を恐れて、審判には出ない方がよいのではと及び腰であったが、審判に是非立ち会って、父親としての意見を述べたいという姿勢に転じた。

継母はもともとB男を庇う発言が多かったが、始終ハンカチを目尻に当て、セラピストの話すB男の態度の変化に深くうなづきながら聞き入り、あたかもB男の長年の痛みに思いを馳せているごとくであった。そして、それまで父との面会をかたくなに拒否していたB男は、意外にも、その翌日の父の面会を受け入れた。

厳戒体制のなか行われた審判では、父は「B男の暴言、威嚇などは容認できるものではないが、再度、少年院に入れるのは本意ではない。B男は在宅のまま必ず立ち直れると思う」としっかりと語った。継母は涙ぐみながら「これまで、この子を施設生活に追いやってしまったことは悔やんでも悔やみ切れない。どうか手元で面倒を見させてもらいたい」と訴えた。一方、B男は、「新たな犯罪を犯したわけではないのだから少年院に行く必要はない」と冷静に主張した。

最終的には、やはり少年院の決定が下された。B男はセラピストに一瞬の笑みのような表情を見せ、すぐに苦い顔に戻ると、静かに審判廷を後にした。

［事例2の検討・考察］

家族の安定を求めて兄の執拗な虐待に耐え忍び、その困苦が親からも顧みられることなく、兄を刺して施設に収容されたB男が得たものは「破壊的権利付与」であったといえる。悪質な非行を繰り返し、被害者の痛みへの共感性や責任の意識に欠けるといったB男の状態像は、家族関係における出納帳の赤字分を第三者から埋め合わせようとしたり、復讐の矛先を向けてしまったりするという、まさに破壊的権利付与の表現像であり、そのような関係倫理の次元からの理解がなかったとしたら、セラピストにはB男の「人格の偏り」や「異常性」がことさら強く意識されてしまったものと思われる。

強い破壊的権利付与を持った者には、二者関係レベルの共感や支持がまったく受け入れられず、援助にかかわるものは、焦りや同情、拘束感、苛々感などが入り交じった悪性の逆転移を起こしがちである。セラピストも初回面接においては必死で傾聴や共感に徹したが、ラポール一つ満足に形成されず、強い無力感や極度の精神的疲労に襲われた。

その状況で、硬直した面接関係を援助的なものへと好転させたのは、セラピストの「兄を刺せてよかった」という関係倫理の次元に立った承認（acknowledge）であり、もう変えることのできない過去の歴史（第一次元）による不平等（第四次元）を、ともに認め、悼むという姿勢であった。

一連のセラピストの「語り」は、非常識で危険なものであったかもしれない。しかし、B男がこれまでに引き受けてきた不平等と長年の心の痛み、そして、それらに由来する「破壊的権利付与」といった「関係性の現実」を認識している限り、「常識的」なものであったとも言え、少なくとも短期間の限られた面接の中で、援助の可能性が最も開けたかかわりであったとはいえるであろう。

3　事例3

［少年］　C男　十六歳

［臨床像］　自分から調子良く話しかけてくるが、同時に、人の顔色や機嫌を敏感にうかがっている。

［家族］

実父母はC男が中二のときに離婚。理由は実父からの母子への暴力が絶えなかったため。C男を引き取った母は、約一年後に別の男性と再婚した。

母は、実父からの虐待や、学校でいじめられ体験のあるC男を不憫に思う一方で、C男の悩みや気持ちの揺れには鈍感なところがある。たとえば、C男は継父との関係を、「ぎくしゃくしていて気まずい。家には居場所がない」と悩んでいるが、母は「再婚したことで私の心配をしなくて楽になったはず。C男は以前よりも明るくなった」と平然と述べるなど、C男の気持ちを汲み取って配慮しようという姿勢に乏しい。

一方、C男は、「母は今まで人に言えない苦労をしてきてるから、もう絶対に苦労をかけたくない」という思いが強い。

［経緯、非行等］

二歳下の弟は生まれつき体が弱く、入退院を繰り返すなど手がかかり、その分、母のC男へのかかわりは薄かった。

C男は当時から実父に顔面を殴打され頬骨を折るなどということもあった。また、母が父に殴られて血を流している光景を今でも鮮明に覚えているという。そんな中で、毎日、学校帰りに立ち寄っていた母方祖母の家だけが、唯一心の安らぎだった。

C男は情緒的に落ち着かず、小学高学年頃からいじめを受けるようになり、中学でもいじめは続いた。C男は、教師もそのいじめを助長したと大人にも不信感を持った。

実父母が離婚した中学二年の頃から不良と付き合うようになり、しばらくして地元の暴走族に入り、仲間と暴行・恐喝などを繰り返し、保護観察処分となった。中学卒業直後も、暴走族の先輩と傷害事件やひったくり事件を起こし鑑別所に入れられた。社会内処遇となり、約二か月は土木作業員として働いたが、生活はすぐに乱れ、暴走族とのかかわりがいっそう強まった。

その数か月後、C男は傷害事件を起こして再び逮捕された。この時点で当然、少年院送致が考えられたが、審判では、なんとか少年院に送らずに働かせながら更生させたいという母の悲痛な訴えもあり、補導委託決定となった。しかし、C男はその温情ある裁定に応えるどころか、審判結果に不満を唱え、委託当初から激しく興奮して怒ったり、あることないことをとめどなく吹聴したり、陰では仕事を怠けるなど更生意欲に乏しく、委託担当者夫妻の不満が次第に募っていった。

一方、母は、祖母とともに何度か面会には訪れていたが、C男の落ち着かない様子に頭を痛め、C男と顔を合わせるたびに互いに感情的になり、常に喧嘩別れで帰途に着いていた。母は、C男の不良交友を切るために、補導委託終了後は地元を離して住込みで働かせたいが、C男が見捨てられたと被害的に受け止め自暴自棄になるのではないかと懸念し、もう少しC男が落ち着くのを待ち、第三者の手を借りて、そのことを納得させた方がよいのではないかと主張し続けていた。

［援助実践］

その後、年度代わりの中途からセラピストがC男の担当となった。まず、母と面接してみたところ、やはり、「C男を地元に戻さずに住込み就職させたい。その方向で進めて欲しい」と強く訴える。

セラピストは、養父のことなども含め複雑な事情がありそうな印象を受けたため、C男の意向もとりあえず確認したうえでまた話し合いたいと返答した。以下、その後の面接の概要である。

#1　C男と面接

C男との面接に先立って担当者夫妻から話を聞くと、「C男は口が達者で、仕事場の皆がC男のペースに巻き込まれてしまいまったく気が抜けない。不満ばかりで、与えられた仕事も満足にやらない。感情の起伏も激しく、こんな子を預かるのは限界がある」と苛々した口調で訴えてくる。

一方、C男は、仕事内容や担当者夫妻への不満などを次から次へと話し始め、その趣旨も一貫せず、セラピストはかなりの長時間、違和感とともに援助の方向性がなかなか見えてこない会話に内心ひどく気が重かった。

しかし、何かのきっかけで母との関係に話題が及ぶと、C男の話しぶりは一変し、一言一言を噛み締めるように語り始めた。

「自分はとても寂しがり屋で、母さんを頼りたいという気持ちも強い。でも、ちょっとそんなことを口にすると、母さんが『忙しい』とか『父さんや弟の面倒を見なければ』と言って自分を遠ざけようとしている感じを受けてしまう。そんなときはむちゃくちゃ腹が立つが、子どもとして母さんが自分を邪魔に感じているとは思いたくもないし、母さんも言葉にできないほどの辛い思いをしてきているのに、自分が悪いことをして余計迷惑を掛けてしまっているので、(母がつれないのも) 仕方がないと思うようにしている。母さんが自分を捨てたとしても、自分は母さんを捨てられない。母さんが面会に来てくれることは一方で嬉しいけど、そんなふうに期待を裏切られることになるので、微妙な気持ちになる。だから、母さんと話すと、いつもお互いが感情的になり、口喧嘩に終わってしまう。そんなこともあって、自宅に戻らずに住込み就職しろと言われても、絶対に嫌だ」。

C男の語りが共感できるものであり、感情的になることが多い普段の姿から予想される以上に自己分化がなされているといった一面をも実感したことから、セラピストが間に入ることにより、文脈療法の立場から、家族内での信頼の回復や、痛みの分かち合いができないかと合同面接を考えた。

♯2 母と面接

母が不満気な表情で、開口一番、「先日、C男と何を話したんですか。私が子どもを見捨てていると言ったんですか?」と問い詰めてくる。実はC男が「先生が、母さんは自分を見捨てていると言った」と怒って電話を掛けてきたのだという。母はそれに輪を掛けて、「C男を住込み就職させたい。それはC男が落ち着いた頃、自分が見捨てていると思わせないためにも先生にそれを伝えてもらいたい」と主張する。

セラピストはC男や実母の不満に基づき、「今回みたいに第三者が間に入って誤解を招かないためにも、親子で直接話し合ってみたらどうですか」と提案した。母が「そんなことをして大丈夫なんですか」と言うため、セラピストは「いいんです。親子なんだから。お互いに相手を思いやったり、心配していることを伝え合ってみたほうが」と答え、母方祖母にも面接への同席を依頼した。

＃3　C男、母、祖母と同席面接

当初、いつものように母とC男が対立し、C男は母が自分を邪魔にしているのではないかと感情的になる。

（中略）

C男：　母ちゃんは、住込み就職しろって言うけど、俺はもう地元に帰っても真面目にやるって言ってるだろ。そうやって俺を邪魔にしてるんじゃないか。いつも、ここに来ても、とうちゃんや弟の御飯つくるとか言って、すぐに帰っちゃうじゃないかよ。

母：　（少し言葉に詰まって苦し紛れな感じで）今までお前は何してきたんだい。今までずっと同じこと（非行）の繰り返しじゃないか。また地元に帰れば同じことなんだよ。だから言ってるんだよ。

C男：　（激昂して）かあちゃんはすぐそう言う。前のことを持ち出してきて。そんなこと言ってないだろ。ねえ先生。

セラピスト：　うん。そんなこと言ってない。そういう問題じゃないと思う（二人とも沈黙する……）。でも、この間、あなたが話をしてくれて、本当にそう思っているんだなあって感じがしたんだけど、あなたも、寂しかったり、心細かったりしてお母さんに頼りたいとか、お母さんに甘えたいとかっているう気持ちがある一方で、自分が悪いことしてきたりして苦労かけちゃったから、お母さんをいたわりたい、心配かけたくないっていう気持ちがすごくあるんだよなあ……。

C男：　（鼻をすすりながら）俺は小さいときから、かあちゃんの、言葉になんかとてもできないつらい姿を見てきて、あげく俺まで非行で苦労を掛けちゃって、もうこれ以上、迷惑かけられないって思ってるんだけど、でも、なんか俺ばっかり……っていう……。

母：　（アイシャドウが落ち、黒い涙を流しながら）お母さんが一番大事なのは、お前のことに決まってる。もう何度も、今の家を出てお前と二人で暮らそうかと考えた。けど、弟のこともあるし、どうしていいかわかんないじゃないか。

セラピスト： 親ならなんとしても、手元に引き取って子どもを見ていきたいという気持ちとともに、どんなに彼が真面目で優しい子でも、地元に戻れば、悪い奴らから何の嫌がらせをされるかわからないから心配でたまらないし。それに、どうもお父さんもこの子とはあまり馬が合わなそうで……、どうしたらいいかと神経をすり減らして……。この子もお母さんの苦労とか痛みをわかっているだけに余計、引き裂かれそうな……。

母： お父さんのことなんかより、この子のほうがずっと大事なんです。自分がおなかを痛めた子ですから。でもこの子は、それで私がお父さんと別れると、自分が家庭を壊したのではと逆に精神的に負担になっちゃう子なんです。私もそれが痛いくらいにわかってるから……。

C男： 離婚なんかしたら俺は絶対許さない。

セラピスト： そう言ってあげられちゃうのが、あなたなんだよね。

祖母： この子は本当に優しい子なんです。本当に……。

その後は、冷静にお互いを思いやる発言に終始し、最終的に実母宅からも祖母宅からもそれほど遠くないが、不良地域とは逆方向で悪影響は受けにくい場所にある、交際中の彼女とその親の住むアパートの別の一室を借り、母の知人の経営する会社に就職し、毎日、母もしくは祖母が訪れるという合意が生まれた。家裁としては容易には認めがたい帰住先だろうという思いも一方にはあったが、C男と母が初めて率直に話し合い、お互いの立場に配慮した結果を尊重しようと考えた。

委託担当者夫妻によれば、この面接の後、C男の言動が落ち着いてきて、人の話をじっくり聞くようになり、仕事面でも表裏が少なくなってきたとのこと。そして、いままで特に関係が悪かった担当者妻に対しても、親しみ深く話しかけてくるようになったという。その後は三か月間を順調に過ごし、委託も無事終了し就職。生活状況は落ち着き、再非行はない。

[事例3の検討・考察]

事例3も、第四次元の家族内での授受の収支の赤字と、それに伴う破壊的権利付与の観点から理解できる非行ケースである。

C男の感情の不安定さは深刻で、少年院収容も当然考えられた審判で、「最後のチャンス」として補導委託に付されたが、それでもなかなか言動は落ち着かず、雇主夫妻は非常に手を焼いていた。また、面会の母とは常に喧嘩別れに終わり、近い将来の挫折が目に見えていたことから、セラピストはそれまでの個人療法ベースの面接形態に代えて、母子の同席面接を設定した。

そして、会話文に例示されるように、それぞれ適切と思える場面で、あるときは家族の歴史を背負ったC男の思いに、あるときは母の立場や考えに共感し肩入れしたところ、C男と母親双方が、おのずから、それぞれの痛みや立場を認め合う方向に歩みを進め、はからずも、懸案事項であった委託終了後の帰住先についても具体的な合意が成立した。C男と実母双方の家族的な苦難の歴史の証人であり、双方の立場への配慮ができる祖母の立ち会いも、母子間の信頼回復に一役買ったものと思われる。

この面接を境に、C男の感情の揺れは以前よりも穏やかになり、行動も落ち着き、委託終了後も比較的安定した生活を送ることが可能となった。文脈療法に基づく援助が奏効したケースであったと考えられる。

V　総合考察

本章においては、文脈療法を一つの手がかりとして、個人心理療法において体現されるような共感的なありようをセラピストの基本姿勢としながらも、そこに家族療法やシステム療法の知見やスキルを統合的に組み込むことによって、より精緻で豊かな理解や援助が実現されうるということ、ならびに、「悪」を通じての個性化というパラドキシカルなテーマが心理臨床実践に体現されうる可能性などが直接的・間接的に示されたものと思われる。

本章で取り上げたケースはいずれも、非行臨床の実践現場においては援助困難という共通理解が得られるであろう事例である。まず、事例1では、筆者が個人心理療法的なスタンスから、A男の過去の苦労や、その中を生き抜いてきた能力や努力などを尊重・支持し、補導委託により社会的資源を付与し、同時に決してかなえられることのない母への「心理的依存」や「愛情欲求」を断ち切ることで、A男の自立を後押ししようと試みたケースである。

当初は、それが効を奏したかに思われたが、母からの金銭無心をきっかけに、A男は再び金を盗んで逮捕されてしまった。筆者のかかわりは現実的・常識的なものであったとは思われるが、世代を超えて意識的・無意識的に受け継がれ、その家族内に根深く絡み合う「悪」について深く考えることなく、それを単純に排除しようという姿勢が強すぎたことから、結果的に援助が失敗に終わってしまったと考えられるケースである。

人間はそれがどんなに馬鹿げたことだとわかっていても、そのように動いてしまうことがある、といった通常では理解しがたい行動の裏には、永い家族の歴史における心理的遺産や、出生という運命的な事実に由来する忠誠心の見えざる糸が存在しているのであろう。別の見方をすれば、個人をして自己破滅に向かうような「自己実現」を選ばせしめてしまうような、人間の「忠誠心」の深淵な力、言い換えれば、人間存在を根底から揺さぶり引き寄せる「悪」の超越的な力への驚嘆と畏敬の念、そのような真摯な態度をもってしてはじめて、われわれは職業的に人の援助にかかわる資格が生まれるのかもしれないとさえ思わされる。

事例3では、文脈療法における援助技法である「多方面に向けた肩入れ」を意識して援助を行った。セラピストによるC男、母それぞれへの共感や肩入れを媒介として、C男の親を想う忠誠心が報いられた瞬間が生じ、破綻しかけていた母子の絆や信頼感が再び築かれたケースである。

それまでの処遇歴でなされたC男個人への更生保護的アプローチをもってしても、なかなかめざましい改善に至らず、逆に援助の行き詰まりが見えかけていた状況の中で、家族同席面接を機にC男が感情面での落ち着きを示すようになったばかりか、補導委託後も安定した生活を続けることができたという事実は、筆者の予想を越える良好な変化であった。家族のもつ資源（resource）を信頼する家族療法の有効性を再確認した事例である。

一方、事例2は、兄からの虐待や父の理不尽な対応など、家族内での「不平等」が、B男の反社会的傾向を極度に固定化させてしまったといえるケースである。

「悪」、「狂気」のレッテルを張られたB男は、当初、筆者との面接でもひどくすさんだコミュニケーションを示し、筆者は暗澹たる気持ちにさせられた。しかし、「公平さ」の観点から、家族内で不当な扱いをされてきたB男が兄を刺したことは正当であり、「不幸」を生き抜こうとする精一杯の行為だったはずと明言すると、B男は自分の長年の心の痛みや「破壊的権利付与」に目を向けられるようになり、その後、それまで固辞していた実父との面会を行うなど、わずかではあるが建設的な方向に歩みを進めるようになった。筆者がそれら倫理的実存的な観点を強く意識していなかったとしたならば、膠着していた面接関係を打開できず、B男の「異常性」を改めて確認するだけに終わった可能性が高いケースである。

しかし、結果として、B男は再度、少年院に収容された。これまで、施設を出ては、悪質な非行を犯し、また施設に入れられるというパターンを繰り返してきたB男にとっては、再び希望の萌芽を摘んでしまう可能性もないとはいえない状況に置かれることになった。

B男の非行歴等を考慮した場合、現実的にはやむを得ない選択であったが、これはある意味で、文脈療法に限らず心理臨床援助の限界を感じさせられる結末であるとも言えるだろう。現実的には、「不平等」があまりにも大きく、つまり「出納帳」の赤字が莫大で、心理臨床的なかかわりによる援助が可能な範囲の臨界点を越えているとしか思えないような事例が存在し、事例2もまたその臨界点に近い地点に位置づけられるケースであろう。

心理臨床的援助の源流とも言える精神分析についてフロイト（Freud, 1917）は、精神分析の目標を、「神経症的不幸を幸福へと転換することでなく、正常な不幸へと転換すること」とみなしており、その治癒像も「正常な葛藤」を作り維持しつづける主体、悩みを悩みうる主体（神田橋 一九八八）である。その限りでは、圧倒的な不平等や不幸をどう抱え、どう対処するかといった視点は第一義的なものではない。

しかし、特に、事例2のようなケースでは、取り返しのつかないような「不平等」や「不幸」とどう対峙し、その苦しみの中でどう生きてゆくのかという実存哲学的な視点がどうしても必要であり、われわれ臨床家には、クライエントが生まれいずる境遇によって宿命的に不平等や痛みを背負わされているという状況をいかに受け止め、そしてどう心理的援助に統合してゆくかといったことが厳しく問われている。

その意味で、文脈療法は、そのような根源的なテーゼを心理臨床実践に統合してゆかんとする理論であり、そのうえでの「どんなに苦しい境遇の中にあっても、人への配慮と愛（care for others）により人間は癒され立ち直ってゆく」（Ducommun-Nagy, 1998）という楽観性は、困難事例にかかわる者にとっての一つの羅針盤であり、一筋の希望をもたらしてくれるものであろう。

しかしながら、すべての心理臨床手法と同様、そこには当然、限界もある。したがって、われわれ心理臨床家にはそれほど少なくないはずの困難事例・不成功事例を実情に即して取り上げ、多方面からの検討を加えることで、単なる援助者個人の能力の不十分さと、心理臨床的援助の限界を冷静に見極め、さらなる援助の可能性をも探ってゆくという真摯な態度が求められているものと思われる。

Ⅵ　おわりに

依然として、「悪とは何か」、「生きるとは何か」、「幸不幸とは何か」、「自己実現とは何か」、「援助とは何か」といった根源的な問題が行く手に立ちはだかっている。それらについての明確な回答を筆者は未だ手にしていない。

本章のとりあえずの結論として、心理臨床の営みとはおそらく、それら答えの容易に出ない根源的な問題を抱えながら、それらを抑圧あるいは否認してしまうのではなく、個々の心理臨床家が臨床実践のそのときどきにおいて、その時点での立ち位置や方向性、それらに伴う限界を意識したうえで、最大限に利他的・援助的であらんとする「信念」に支えられるものとしておきたいと思う。

第6章

総合的考察および今後の発展に向けての試論

Ⅰ　援助的な心理臨床実践とはいかなるものか

1　本書の振り返り

本書は、援助的な心理臨床実践とはいかなるものかというテーマを主眼に据え、非行に関する心理臨床学的研究を、臨床事例を素材として行ったものである。

まず、序章においては、筆者の心理臨床家としての体験を踏まえ、子どもたち一人ひとりの生きざまの尊重と個性化を目指す心理臨床というものがいかに非行領域においても体現されうるのか、また、仮に非行臨床に特異性があるとすれば、その特異性を踏まえた心理臨床はいかにあるべきかといった問題提起がなされた。

続く第1章では、非行臨床の前提である「悪」に関するさまざまな角度からの論考を通じて、非行心理臨床の特質性および一般の心理臨床実践との本質的共通性などが検討された。

まず、一般に排除され矯正されるべきとされる「悪」が、一方で、人間性や自然性に深く根ざすものであり、生命力や創造性の源であり、したがって、「悪」を単純に排除することなしに、われわれ人間が生きてゆくことに全体的かつ有機的に組み込んだ個性化や自己実現というものを考えざるを得ないこと、それは、ともすれば破壊性を伴う厳しく困難なものでもあるが、そのような意味での人間の全体性の回復や個性化を目指すことこそが心理臨床本来の営みであると論考された。

そして、そのためには、そこに立ち会う者のすぐれて共感的なありようや深いコミットメントが不可欠であり、したがって、心理臨床家には、「悪」や「苦」や「不幸」などといった人間存在における否定的な側面を、われわれの生きるこの世の中に欺瞞なく位置づけようとする真摯な態度や心がまえが求められていることが論じられた。

しかし、一方で、社会的制度を基盤とし「悪」の排除や矯正を暗黙の前提とする非行臨床は、援助の方向性という意味においても、臨床家がみずからの内なる「悪」をどう踏まえるかという意味においても本質的にパラドクスを内包し、たとえ専門家といえどもそのパラドクスを正面から見据えることは困難であり、過度に科学的実証的であったり、逆に同情的センチメンタリズムに陥ったりする偏向は、それら非行臨床のパラドクス性が影響している可能性が高いことが指摘された。

さらに関連して、生きるとは何か、幸不幸とは何か、援助とはいったい何か、といった根源的なテーマが心理臨床の行方を大きく左右するものであるということが論理的に帰結された。とりわけ、その問題意識は、「悪」が人為的に定められ、「悪」の排除や矯正といった「援助の方向性」がある種、当然視されていた非行臨床実践においてこそ、よりいっそう明確に示されたといえる。

人は誰もが心の内に「悪」を抱えており、人は誰もが人生から「悪」を排除しえない。それは、非行研究者・非行臨床家においても例外ではない。また、「悪」は、さまざまな表現形態やさまざまな側面を持つものであり、単に否定的側面だけでなく、人間存在の象徴であり、豊かな生命力を体現するものであり、人と人、人と社会、人と森羅万象を関係づけるものでもある。すなわち、「悪を通じての個性化」という観点こそが、非行臨床を心理臨床として成り立たせる重要な視座であると結論づけられた。

第2章では、その観点から、過去のランドマーク的な非行研究や非行臨床理論は、援助の方向性および自他の「悪」をいかに踏まえているのかという問題意識に基づいて文献レビューが行われ、それぞれの特徴や歴史的変遷が体系的に整理された。

その結果、非行研究や非行理論は、自らの内なる「悪」を抑圧し、「悪」を忌避・矯正の対象とみなして研究や臨床を行う視座と、我が内なる「悪」、あるいはこの世に厳然と存在する「悪」を通して、対象者との共感的関係性を重視する立場に大きく分かれ、その両者が互いに相補的な立場で、非行臨床を発展せしめてきたことの意義が論じられた。

特に、わが国においては矯正教育や認知行動主義に代表される前者の立場と、心理力動的アプローチや受容・共感的アプローチに代表される後者の立場の排他的な対立がないとはいえない。したがって、「援助の方向性」や「わが内なる悪」といった観点を主軸として両者を位置づけることは、より有効な援助実践に直結する統合的アプローチの発想を現実的なものにせしめたといえる。


第3章から第5章までは、実践事例を中心に据えた論考である。

まず、第3章では、筆者の初心の頃のケースを素材に、セラピスト-クライエント間のいわゆる共感的二者関係を拠りどころとしてクライエントが自ら内面的成長を遂げ、非行から脱却していったプロセスが提示された。

そこにおいて、一般の心理臨床と非行臨床の本質は決して異なるものではなく、そこに立ち会う心理臨床家の真に共感的なありようや深いコミットメントなどに支えられた治療援助的二者関係により、子どもたちが非行の背景となる不幸を抱えたり、乗り越えたりしながら、みずからの人生に責任をもって生きてゆけるようになりうることが示された。また、同時にそれは、セラピストの相当な精神的労力を要するものであることから、以上のプロセスを理念的なものにとどまらせず、臨床実践に体現させてゆくための原動力はいかなるものに由来するのか、つまり、心理臨床の原動力となるものは何かということが併せて検討された。

その結果、セラピストの個人的な受苦や与苦（つまり「悪」）や、セラピストがクライエントによって深く心を動かされるような「逆転移」に類する内的体験が、その原動力として積極的に生かされることの重要性が論考された。

これは、「自分自身も人間としての限界を持った存在であるという自覚が、悪を為した子どもたちとの関係をつなぐものとして役立ち、そして、そのような「深い関係」を背後にもって、「悪」もはじめて両義的な姿をみせてくる」（河合 一九九七）という思索を例証するものであり、さらに、心理臨床実践においては、「悪とは何か」、「生きるとは何か」、「幸不幸とは何か」、「自己実現とは何か」、「援助とは何か」といった実存的な問題を突き詰めて考えてゆくことが不可欠であることを傍証するものであった。

第4章では、非行少年の「悩み方」のありように応じた統合的アプローチモデルの構築を試みた。これは、筆者が現場での臨床実践を重ねるにつれ、「心理臨床」とは学派や理論が先に立つものでは決してなく、たとえどんなかたちであれ、セラピストとの出会いがクライエントの役に立つ、生きるうえでの糧となる、そのような営みであり、たとえどんな手法であれクライエントに益をもたらしたという事実そのものが、職業としての心理臨床を成り立たせるはずであると確信するようになっていったことがその動機となっている。

その成果として、個々の非行少年の特性に応じた援助の方向性や効果的な援助手法が具体的に明らかにされ、複数の心理臨床理論を組み込んだ統合的アプローチの有効性が示された。また、いくつかの事例を通して、「悪」を単に排除や矯正の対象とみなすのではなく、それぞれの子どもたちが「悪」を為すことの意味を十分に踏まえ、子どもたちの人生に「悪」を有機的に組み込んでゆくという方向性が、非行心理臨床においてもありうるのだということが確認された。

具体的には、「悪」を子どもたちが苦境を生き抜いてゆくためのいのちの営みの現れ、あるいは、避けられない現実に直面し現実を引き受けてゆくための意味ある行動としてとらえ、そのうえに立って、おのおのの子どもたちの悩み方や苦境のありように即したさまざまな心理的かかわりを行う。そのことを通じて、いわゆる逸脱行動が現実状況を踏まえた社会適応的な姿勢や態度に変じ、子どもたちがたとえ苦境を抱えながらも、前向きにかつ個性的にみずからの人生を生きるようになることが援助である。そして、「心理臨床」が仕事として成り立つためには、そのような援助の実現が種々の条件に左右される確率の低いものではなく、臨床家の基本的姿勢および適切な見立てや援助スキルに支えられた比較的高い確率のものであるべきである。そのような観点が、「実践的有効性」判断の基準であり、「心理臨床」の営みは、とにもかくにも実践的有効性に裏づけられていなくてはならないと結論づけられた。

ただし、以上に述べた援助の方向性や有効性の判断は、決して絶対的なものとはいえず、逸脱行動の社会適応的な態度行動への「改善」を有効な援助の根拠としているなど、「悪」の深淵さが十分に踏まえられたものとは言いがたいところがないとはいえない。また、最大限に援助的であることを目指して構築された統合的アプローチとはいえ、参照された諸理論や諸技法は、いわば個人心理療法の範疇にとどまるものがほとんどであるなどといった課題が残された。

そこで、第5章では、個人心理療法において体現されるような共感的なありようをセラピストの基本姿勢としながらも、そこに家族療法やシステム療法の知見やスキルを統合的に組み込むことによって、より精緻で豊かな理解や援助が実現される可能性について検討するとともに、「悪」を通じての個性化というパラドキシカルなテーマをどう心理臨床実践に体現しうるのかを、さらに追究するといった二つの問題意識から出発した。

まず、筆者にとって、個人の感情や認知あるいはセラピスト-クライエントの二者関係を超えて、クライエントを取り巻くさまざまなシステムに目を向けることは、当初、内的な統制感や秩序感を脅かす相当にチャレンジングなことであった。しかし、結果として、因果論的思考を脱し、ある現象をそれを取り巻くさまざまな関係性、循環性、相対性からとらえようとするシステム療法的な観点によって、これまでよりはるかに豊かな「ものの見方」に目を開かれ、さらに特定の学派や理論にとらわれない「自由」な心理臨床が営めるようになった。

他方、システム論に偏向してしまうと、関係性や相対性を重視するあまり、人の行為や態度の責任、心の痛みや苦しみ、怒りや憤り、不平等感や不公平感などといった情的、実存的、倫理的な側面を軽視することにつながり、われわれが人生を生きるうえで決して切り離すことのできない「善悪」、「正義」、「因果」などといった観念が、あまりにも相対化、脱価値化されすぎて、クライエントの理解や援助から切り捨てられ過ぎてしまうのではないか、そんな違和感も抱くようになっていった。つまり、関係性、相対性、循環性の側面からすべてを把握することによって、「悪」を雲散霧消しかねない、極限すれば、人間の「存在」のありようさえも希薄化してしまいかねない突き詰めたシステム論的なものの見方は、筆者の志向性を十分に体現するものとは言いがたいのではないかという思いが募っていった。

ここにおいて筆者は再び、「悪を通じた個性化とは何か」、そして、その基盤にある「悪とは何か」、「幸不幸とは何か」、「生きるとは何か」、「自己実現とはなにか」、「援助とは何か」などといった根源的なテーゼを組み込んだ心理臨床実践というものをさらに「具体的」に論考することを迫られたのであるが、それは、本章の出発点であった二つの大きな問題意識を相互に結びつけるプロセスでもあった。

そして、一つの指針となる参照枠として「文脈療法」(Contextual Therapy) をとりあげた。「文脈療法」は個人療法と家族療法の架け橋的な立場から、この世に厳然と存在する不幸や不平等、つまり「悪」を臨床実践に組み込もうとした数少ない理論である。筆者はこの文脈療法を通じて、人がさまざまな「受苦」と「与苦」の絡み合いの中で生きる存在であることを踏まえた心理臨床のありようをつかみかけるとともに、しかし、「悪」とは歴史性や必然性や運命的な要素が深く絡み合った、自己破壊や存在の破滅にもつながりかねない非常に鈍重なものであり、したがって、一般市民はもちろん研究者や臨床家でさえも「悪」を排除や忌避の対象とみなしてしまいがちなのも故がないことではないこと、そして、「悪」を通じての個性化や自己実現という観点は、確かに生きることの本質に迫る深淵な意義を持つものではあるが、実はそこに立ち会う者の相当の覚悟やコミットメントを余儀なくされることなどを繰り返し、現実的かつ体験的に再確認させられた。

2　援助的な心理臨床実践とはいかなるものか

これまでの論考を総合すると、援助的な心理臨床実践の要件として大きく以下の二点が挙げられよう。

第一に、心理臨床家の深いコミットメントであり、それに支えられる「共感的」二者関係である。すなわち、みずからも受苦や与苦といった「悪」を負いながら、ともにこの世を生きる者として、相手の苦境やままならない生きざまを分かち、相手とのかかわりにおいて最大限に援助的であらんとする専門家職業人としての姿勢である。その関係性に支えられてはじめて、「悪を通じての個性化」といった、ものごとの単純な二分法や一面的な価値観を超えた全人的かつ豊かな生の営みに開かれる可能性が生まれる。

ただし、それは明るい側面ばかりの気楽なプロセスでは決してなく、「正常な不幸」(Freud, 1917) としての苦難の道であるかもしれない。その意味でも、何を援助の目標とするか、つまり心理援助の方向性は、心理臨床家の価値観や信念や生きざまなどといった、いわば人格的要素に大きく左右される。

第二に、心理臨床家は、われわれ人間が定義し、形づくるすべてのものごとやすべての価値の相対性を自覚しておかなくてはならない。

「悪」とは、決して絶対的な「悪」ではなく、われわれが共生や社会予防のために相対的に定めた「否定的」なことがらに過ぎず、実は人間性や生命力や創造性の源でもある両義的なものであった。そして、幸不幸、自己実現、個性化、いかに生きいかに死ぬのかなどといった定義やそのありようも、実は各人が各様に形づくる相対的なものであり、万人に共通する絶対的な決まりごとはありえない。

したがって、援助対象者の理解や、援助の方向性、援助の方法など、つまり心理臨床実践のありようも、心理臨床家のオリエンテーションはもちろん、そのメタ水準の前提となる幸不幸のとらえ方、自己実現や個性化についてのイメージ、いかに生きいかに死ぬべきかについての信念などといった「ものの見方」に必然的に影響される。

つまり、人間の理解や援助や心理臨床実践に絶対はありえず、おのおの臨床家が自分自身の「ものの見方」や自分自身が拠って立つ学派などの相対性や限界を真摯に踏まえたうえで、[1] 自他の、そして心の内外のさまざまな状況に応じて、その時点その時点での「確か」な方向性を選択し、それに責任を持つという主体的プロセスこそが、心理臨床行為を最大限援助的にせしめる不可欠な要因であるといえる。

そこで、次節においては、本研究の今後の敷衍的発展を見据えて、われわれ人間の「現実」のとらえ方によって、いかに心理臨床の手法や方向性が形づくられるかについて試論してみたい。

（1）それら限界や相対性を踏まえているからこそ、統合的アプローチがより現実的具体的に力を持つともいえるであろう。

Ⅱ　今後の発展を見据えて
――心理臨床実践の前提としての現実のとらえ方についての一考察

1　問題意識

心理臨床家の立ち位置や方向性とて、さまざまな歴史、文化、社会制度、状況、関係性、循環性などに左右されるあくまでも相対的なものである。同時に、臨床実践において心理臨床家はそれらの「相対性」を自覚しながらも、「専門家」として、自他のそして心の内外のさまざまな状況に応じて「確か」な方向性を選択する必要性にも迫られている。

そのような心理臨床家としての自らの立ち位置の把握、および、ある特定の援助の方向性へのコミットメントの前提となる、いわば「メタ認知」への気づきや自覚は、すべての心理臨床実践において不可欠なものであろう(2)。

本節は、すなわち、心理臨床行為のメタ水準に位置づけられる「心理臨床実践の前提としての現実のとらえ方」についての一試論である。

(2)　本節は非行臨床にとどまらない心理臨床全般を見据えての論考であるが、非行心理臨床においてこそ、この目的意識が明確化されたことはこれまでの論で明らかであろう

2　メタ次元の現実や現象のとらえ方と心理臨床諸学派

心理臨床・心理療法の理論や方法はさまざまである。むろん、心の不調や苦境、違和感をどうとらえ、どう援助するかは一律に定型化できるものではない。にもかかわらず、心理療法の諸学派は、その理論的正当性や援助の有効性をめぐって論争や対立を重ねてきた。もっとも、そのプロセスが心理臨床領域の発展を促し、現在における心理援助手法の多様性を導いてきたともいえる。数多くの心理療法理論が並立している現状は功罪両面をあわせ持つが、最近では、いかにクライエントに役立つかということを第一義的にとらえ、心理療法諸学派を折衷的または統合的に活用しようという動向が顕著になってきている。

本書においても、単一の学派にとらわれず広く力動的心理療法から、来談者中心療法、認知行動療法的アプローチ、家族療法、短期療法などのさまざまな手法を折衷的・統合的に援用することの実践的有効性が示されたものと思われる。ただし、実際に諸処の心理的援助手法を臨機応変かつ有効に活用するためには、筆者がそうであったように、その都度、各理論や各手法を成り立たせているところの、いわばメタ次元の現実や現象のとらえ方、つまり、ものの見方や認識のありように気づき、それを柔軟にシフトさせることが必要になるものと思われる。

さらには、非行臨床における善悪や援助の方向性があくまでも相対的で、もともとの現象や現実のとらえ方に大きく依存しているのと同様に、心理療法諸学派のアプローチや方向性の相違も、もともとの現象や現実のとらえ方に大きく依存しているはずであり、それらの異同に基づいて、複数の心理療法学派が統合的に把握でき、より適切に実践に活用できるようになるのではないだろうか。

以上の問題意識により、本項では心理臨床実践の前提としての現実のとらえ方について論考し、その観点から「心の悩み」や「心理的援助」とは何かを改めて考え直し、あわせて心理療法諸学派のエッセンスをその本質に即して統合的に把握するといった試みを行う。

3 混沌としての現実と言語による分節化

本論の出発点は「混沌としての現実」である。それは、「現実」、心理臨床実践に関連づけていえば人の生や心に関する現象は、有限数の因果関係をもってしては、たとえそれがどんなに数多くとも、決してそのすべてを把握・理解しえないという意味での「混沌」である。

すなわち、実際の現実のありようは、人間の理性（意識とも自我とも言い換えられよう）による認識や把握の限界を超えている。そして、そのような混沌とした現実は、人間のまなざしが設けるさまざまな境界線や識別線によって分節化され、有意味的な輪郭、つまり、秩序あるまとまりや現象といったわれわれにとっての「現実」を形づくり（中村 一九八八）、共有化される。そして、そこに線型の因果性が見出されると一般に「真実」と呼ばれることになる。

その際にわれわれが絶対的に依存しているのが言語であり、その分節化作用、概念化作用であることは言うまでもない。言語は本来、連続している事象を、恣意的に分節化し差異化するものであり（大山 二〇〇一）、世界はその言語の持つ一次元性によって線上的に並ぶものとしてとらえられ（川嵜 二〇〇一）、したがって、言語はその骨の髄まで因果律に汚染されている（中井 一九九七）ものである。すなわち、「現実」や「真実」のたち現れ方、すなわち、われわれのものの見方、認識のありようは線型因果律を基盤としている。自然科学の方法はその典型的かつ明瞭な手続きに過ぎない。

4　現実の「近似」と心理的安定

認識の限界を超える「混沌としての現実」を前にしたとき、われわれはその「現実」をさまざまな形で単純化した、しかし、もとの「現実」を何らかの形で反映したり、もとの「現実」に似通っているだろう『現実』を見ようとする（以下、本来、人知では把握できない「現実」と、人間の認識下の『現実』を区別する）。すなわち、それは「近似」であり、「間接測量」であり、「闇に包まれた人間活動全体の定かならぬ分節化である幾何学」（中村　一九八八）的把握ともいえる。

いずれにせよ、その「近似」により、認識可能なまとまりである『現実』が立ち現れる一方で、「現実」の本来持つ複雑さや豊かさや重層さなどが、その網の目から零れ落ちる。

その「近似」のありようは、混沌を混沌のままできるだけ豊かにとらえようとする立場から、はたまた徹底的に還元、単純化してとらえようとする立場まで、人によって、状況によって、学派によってさまざまである。そして、その「近似」が単純なものに還元されればされるほど「現実」の豊穣さが損なわれるが、一方で、混沌の度合いが減ることから因果性や制御感が増し、少なくとも近視眼的には生きるよりどころとしやすくなる。つまり、現実をとらえる豊かさと現実の生きやすさは反比例する。

人間の心理的安定感は、それら二律背反的な現実の豊かさと制御感とのバランスの兼ね合いにあるといえる。心理臨床理論とて、もちろん人間の認識の範囲内で営まれるものであるから、何らかの形で「現実」の近似、還元を行っていない理論はありえない。以上の前提から、以下の二つの論点が導かれる。

第一に、各心理療法理論それぞれの（つまり援助する側の）近似のありように基づいて、それらを類型化

する試みが可能となろう。

第二に、すべての心理臨床理論は人間の心理的安定を目指して考案されたものであることから、援助される側の「現実」の近似、還元のありようという観点から、心理的援助の本質が論考されるべきであろう。

ここで、臨床実践の場によく現れる例として「不登校」を挙げてみよう。[3]

不登校という現象は、「子どもの意志が弱い」とか「親が過保護すぎる」とか「クラスに嫌がらせをする同級生がいる」などといった単純な原因論で割り切れる問題ではない。にもかかわらず、一般的には、以上に挙げたような単純に原因を特定する言説、つまり直線的因果論によって了解され、原因の修正や原因除去的な対策がとられることが多い。そこまで単純ではないとしても、過去の外傷的体験や葛藤の無意識への抑圧などを、現在の「不登校」という症状の因であるとみなす見方もほぼ線型因果論の範疇である。

これに対して、子どもが幼くして病弱で、親が丹念に手をかけ、子どもが依存的になり、些細な軋轢で学校を休みがちで、さらに親が過保護になり、ますます子どもが家にこもってしまうなど、複数の要素間の相互関係において因果がめぐっているととらえるのが円環的因果論と呼ばれるシステム論的見方である。これは、線型因果論に比較して、複数の現象を円環的に因果関係に組み込んだ、つまりより複雑さを増した「ものの見方」ではあるが、これも、われわれ人間が、現象やできごとを還元・近似して了解するための工夫に過ぎない。

実際は、ある現象には無限の要因が混沌と絡み合っている。「不登校」を招いたとされる「母の過保護」には、子どもの病状はもちろん、母の性格、生い立ち、健康状態、夫との関係、知人のアドバイス、母性神話、その他、さまざまな次元の無数の要因が影響している。そのうちの「子どもの病状」一つ取り上げても、ウィルスの

(3) 例はもちろん非行でもよいが、ここではあえて心理臨床実践に一般的に出現する不登校を取り上げておくことにする。

存在はもちろん、気候、地域、体調、食べ物、体質、遺伝子その他、同様に無数の要因が影響している。さらに、そのうちの「気候」に関しても、それを成立させる無数の要因が循環していることは言うまでもない。

このように、「現実」のありようを、すべて正確に認識し把握することは人知においては不可能である。そして、「混沌としての現実」を生きるため、われわれは、起きている現象を「近似」した何らかのストーリー（秩序、輪郭）を見出そうとする。先に述べたとおり、そのストーリーが単純なものであればあるほど生の豊かさが損なわれる一方で、混沌が整理され、制御感が増し、生きるよりどころとしやすくもなる。ゆえに、人は苦境に陥ったときに単純な因果を求めがちなのだろう。

5　現実の多様なとらえ方――「近似」の幾何学的次元

さて、ここで「混沌としての現実」の「近似」の次元を相補的、包括的、統合的にとらえるために、幾何学的比喩を援用する（図6-1）。

まず、原因と結果が一対一で対応する直線的因果論は、混沌としての現実空間を、一本の直線（実際は両端にそれぞれ関係項がある線分）に近似しているとたとえられよう。次に、複数の要素間の関係を円環的に連鎖させた円環的因果論は、まさに円でイメージされる。ここで、直線が円の接線あるいは弧の近似であることからも、円環的因果論は線型因果論よりも幾分、現実に近い複雑さを残した次元のとらえ方であるといえる。

さらに円環的因果論をより複雑、混沌化する方向でとらえると、「自我」がある程度、秩序を持って把握できるような空間的範囲で、いろいろな相互作用、循環作用が絡み合っているイメージ、つまり、「自我」を中心とした球体のようなものが想起できる。[4] これは、「混沌としての現実」を前提のうえで、それでもできる限り多くの関連要素を能動的に取り入れて全体的・包括的に現象をとらえてゆこうとする循環的・生態学的認識論の次元

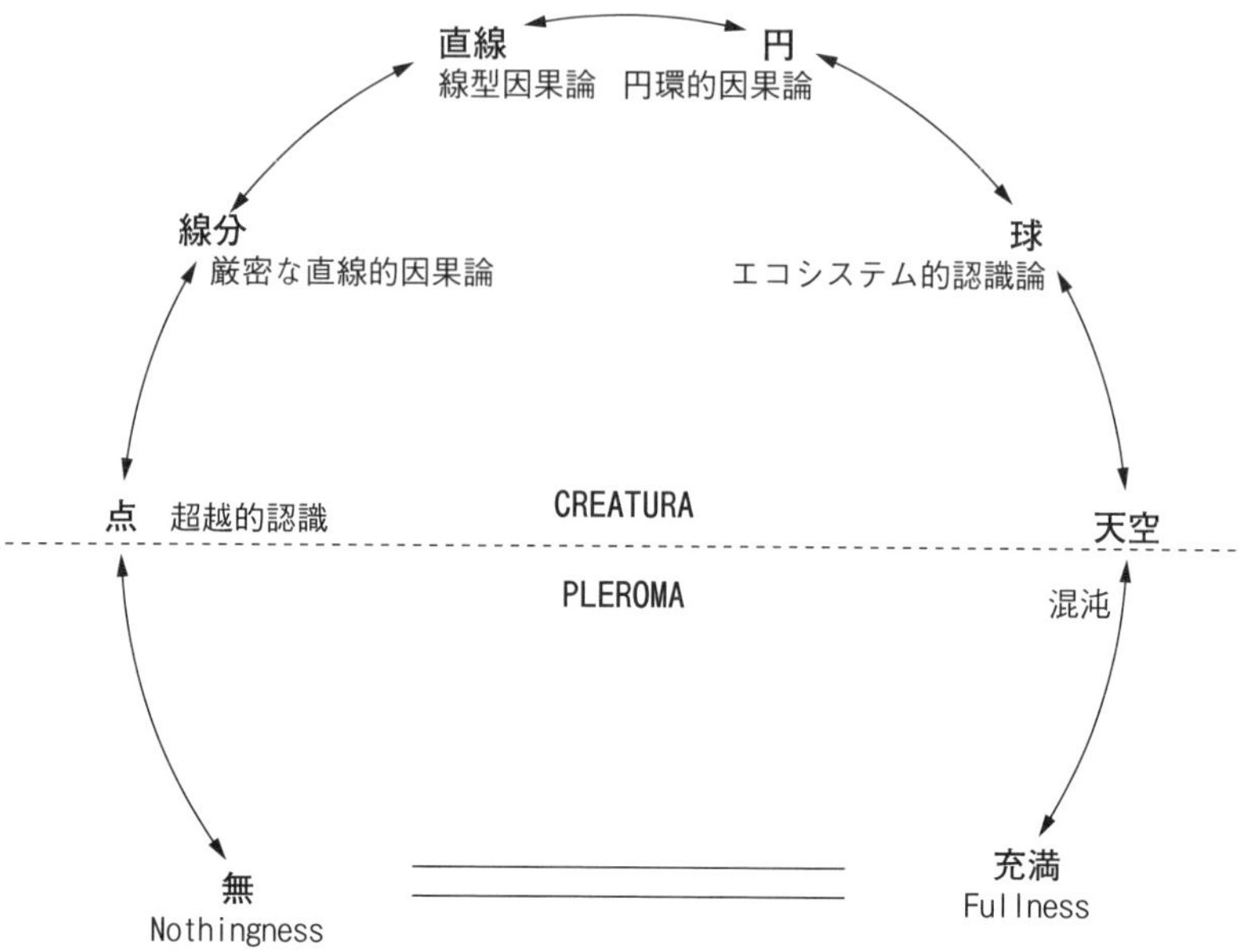

図 6-1 「現実」の認識のありよう——「近似」の次元

に対応するだろうか。球をどこで切ってもその切断面は円であることから、これも円環的因果論次元との近似的関係に対応する。

球のイメージをさらに複雑・混沌化すると、境界が不明確の空間に雑多な要素が秩序なく混沌と存在する、たとえるならば、無限の天空に散らばる雑多な星のようなイメージが浮かぶ。さらに進むと、中心としての「自我」は相対化され、視点が「空化」(川嵜 二〇〇一)し、「混沌」に至る(本来、認識困難な「混沌」も「現実」も人間の視点による命名であるが、これはやむをえまい)。「混沌」をあえて視覚的にイメージするならば、無限の広がりを持った空間にさまざまなものが絡み合い充満している状態(Fullness)となる。

他方、逆に直線をさらに単純近似化すると「点」になる。この次元には、根拠の了解が困難で因果論にも満たない「妄信」や、「信じること

(4) ユングの「自己」のイメージ図がこれに類似しているだろうか。

で救われる」などといった超越的・宗教的な認識のあり方が対応しそうである。さらにもう一歩進めて「点」を単純近似すると、とうとう無（Nothingness）に至り、視点も「無化」されることになる。

さて、ここでC・G・ユング（Jung, 1961）によれば、“Nothingness is the same as fullness”であり、無（Nothingness）と充満（Fullness）は同一次元に属する。つまり、現実界をどこまでも近似・還元していっても、逆にどこまでその複雑さ、豊かさを追求していっても、異次元的な同一地点に辿り着いてしまう[(5)]。

B・キーニー（Keeney, 1983）は、無（Nothingness）と充満（Fullness）の異次元的領域に、ユング（Jung, 1961）のプレローマ（Pleroma）を、還元・近似による区別、差異化が可能な現実的次元にクレアトーラ（Creatura）を対比させている。これは、すなわち人間の意識による認識・了解が働く『現実』の次元と、認識不能なそれ以外の次元に対応するであろう[(6)]。

6　「心の不調」「回復」「治療援助」とは何か

これまでの論を前提とすると、心や精神の不調時は精神活動としての「近似」のありよう（「次元」または「内容」によって規定される）である『現実』と、実際の「現実」との間に何らかの大きな齟齬が起きているとの推論が可能である。したがって、その齟齬が何らかのかたちで解消されるのが、心理的回復や心理的援助の本質にほかならず、その解消のあり方として以下の四類型を仮定できる（図6-2参照）。

（5）　カオス理論やブラックホール理論はおそらくこのプロセスに近いのだろう。
（6）　ちなみに、大山（二〇〇一）は、「プレローマ」として、事物と心的事象とが「ト・ヘン（一者）」であるところの類心的（プシコイド）領域を仮想することにより、「因果性」を超える「共時性」が説明できるとする。

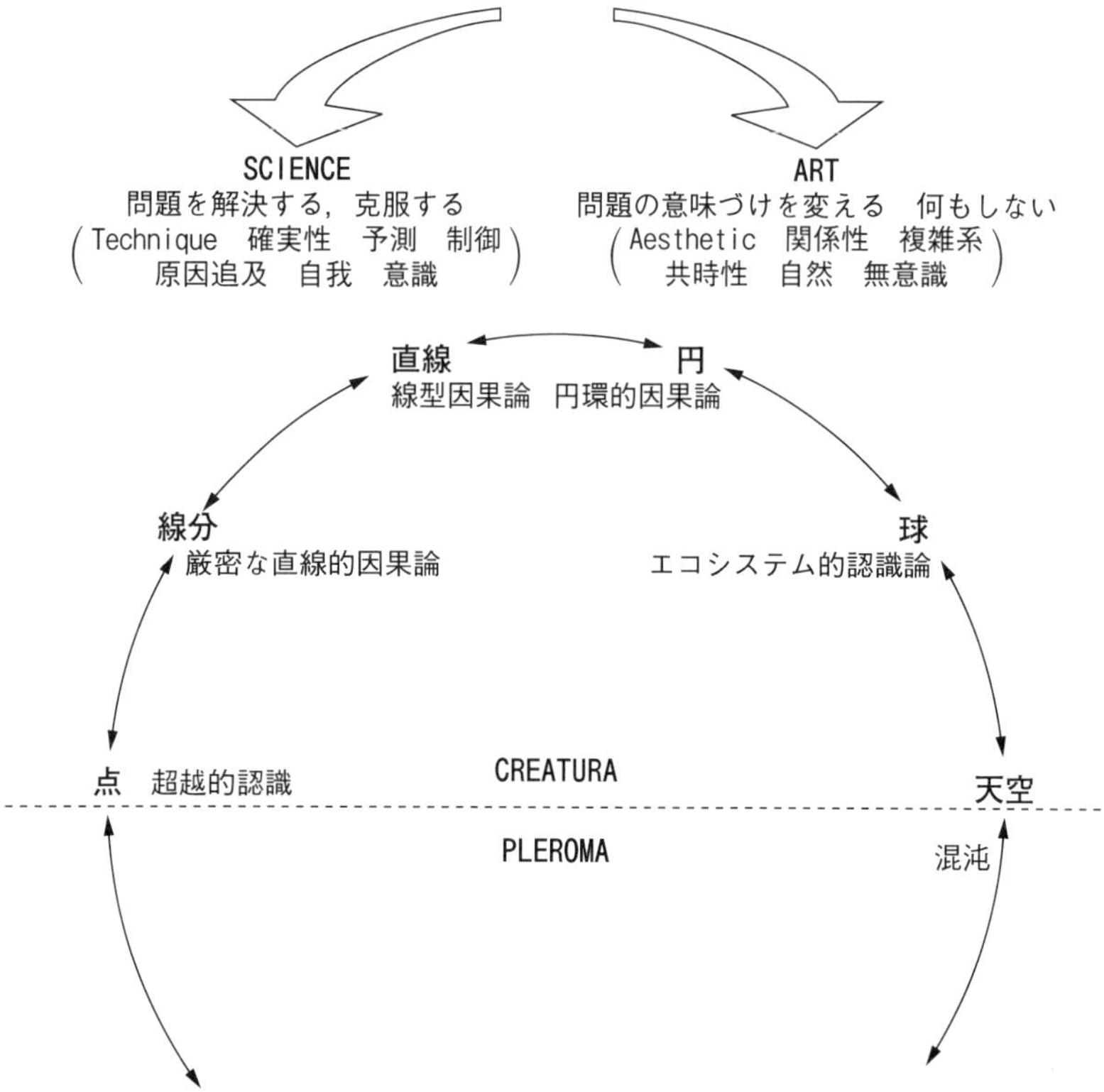

図 6-2　現実の認識のありようと心理的回復・心理的援助

その前に、ここで論旨が混乱するのを承知で、参考までに次の二点を付け加えておく。

まず第一に、先の不登校の例でも述べたが、一般的に、われわれのものの見方の主流な次元は直線的因果論の次元（これは、厳密な直線的因果論をその究極的典型像として、幅のあるその辺縁領域を含む次元であり、本論中では「線型因果論」あるいは単なる「因果論」とも記述している）である。これは、人間の認識の基盤である言語がそもそも因果性に依っていること、現代の高度文明社会を成り立たせている自然科学が準拠している近似法であること、人間の成長に不可欠な「学習」が基本的に因果論に基づいていることなど、さまざまな理由がある。

第二に、ある人の近似の次元（たいてい線型因果論であることが多いが）は基本的に変化しにくいものであり、必要性に迫られてその次元を移行する（第二次変化）こともあるが、同一次元内の近似の内容の変化（第一次変化）に比べてそれほど容易なことではない。

A．近似の次元・内容をそのままに、現実行動を変える。
つまり、認識、考え方、信念をそのままに、それにそぐうように行動や態度を変える。

B．近似の内容を同一次元で変える。
多くの場合は、線型因果論の次元で現実にそぐわない因果論を棄て、別の因果論を採用する。

C．近似の次元を、混沌度が減るような方向に変える。
つまり、混乱した『現実』を収束させ制御する努力であり、いわば“Science”の目指す方向性である。ここでは、西洋医学的モデルのもと、Technique、確実性、予測、自我、制御、原因追及、修正、除去、善悪、教育、意識などの概念が重視され、「問題を解決する、克服する」という理念となる。ただし、“Science”領域での最終到着目標は、厳密な直線的因果論次元であり、それがあまりにも行き過ぎると点（「妄信」、「超越的」、「宗教的」）次元に移行してしまう。

D．近似の次元を、混沌度が増すような方向に変える。
つまり、直線的因果性や制御感を緩めて、因果性の連鎖や循環、あるいはそれらによってとらえられないものを重視しようとするのであり、“Art”の方向性ともいえるであろう。ここでは、Aesthetic、関係性、複雑系、自己、共時性、自然（じねん）、雰囲気、感じ、好み、ゆらぎ、無意識などの概念が重視され、「問題の意味づけを変える」、「問題を問題としないシステムを見る」などを経て、「受け入れる」、「自然に任せる」、「諦める」、「何もしない」などといった究極的理念に至る。

“Science”的援助の有効性が治療者による専門的判断であるのに対して、“Art”的援助の有効性の判断は、援助される側の感じや雰囲気、志向、好み　などによる。

7　各心理援助手法の位置づけ

以上、心理的回復や心理的援助のありようの四類型について述べた。各類型間の境界線は必ずしも厳格・明白なものではないが、さらに各心理援助手法の位置づけを具体的に論ずるならば、以下のようになる。

1．第一次変化であるAおよびBは、克己、叱咤激励、教育、学習などにおける変化のありようのエッセンスである。

2．行動療法、認知療法、古典的精神分析などの因果性に強く準拠する心理療法は、Cの認識論を基盤にAまたはBの手法を方法として取り入れている。

3．家族療法や短期療法などのシステム療法は、Dの認識論を基盤にAおよびBまたはCの手法を方法として取り入れている。

4．わが国の心理臨床家に多く見られるいわゆるユング・ロジャーズ派折衷的な立場は、Dが「真正」な心理療法であるという見方をすることが多い。

ここで筆者が重要と考えているのは、A～Dのいずれもが尊重されるべき心理的回復・心理的援助のありようであり方法であるということである。なぜならば、そのいずれもがわれわれが日常生活において必要性に応じて意識的・無意識的に採用している変化のありようだからである。

われわれは、第一次変化を主として、状況に応じて、あるいは状況に迫られて、第二次変化をも含んださまざまな変化を繰り返しながら日々の生活を、そして人生を全うしている。(7) ならば、心理援助手法とて、クライエントをとりまく状況と近似のありようによって適不適は変ずるが、真偽や善悪があるわけではない。(8)

8　神経症・統合失調症・境界例そして非行

最後に、心や精神の不調のありようの代表的な類型である神経症、統合失調症、境界例に関して連想を進めてみる。

先に、単純な因果図式が、問題を収束させ制御感を高めることで、少なくとも近視眼的には人を生きやすくさせると述べた。しかし、その線型の「近似」による『現実』は、「現実」からの距離が遠く、その分だけ生の豊かさが損なわれており、したがって、それにこだわり続けることが、逆に人を拘束し、生きにくくさせる場合がある。すなわち神経症のメカニズムであり、その本質は現実の「近似」の無理とそれへのこだわりである。したがって、神経症の心理的援助は、現実の豊かさ、すなわち本来の混沌とした現実に近づくような「ものの

(7)　なお、当然ある次元内での変化のもくろみが、期せずして連続している多次元の変化に移行することも少なくない。

(8)　AやB（ときにC）の変化のありようが、「心理療法」ではないと語られることが少なくないのは、心理療法を必要として現場に現れる多くのクライエントが、自己治癒・自己回復としてのAやB（ときにC）の変化の試み、つまり、第一次変化や線型因果論に基づいた変化に行き詰まっているように見えることが多いからであろう。

見方」への援助が望ましいと推論される。因果性へのこだわりを脱し、人間の全体性の回復を重視する多くの心理療法が、いわゆる神経症的不調の治療に有効であるとされるのは、このことによるものと思われる。

逆に、理性や自我のキャパシティーを超えて、混沌に生きようとする、あるいは混沌に生きざるを得ない状況も、人の心理的精神的安定を相当に脅かす。これは、錯綜とした多くの情報や現象が混沌と精神に流入し、日常を生きてゆくうえでの、とりあえずの足場となる輪郭や認識やストーリーが統合され得ない状態である。中井（一九九七）は、「（因果性でとらえきれないようなものが一挙に同時的に現前すれば）私は端的に壊れるだろう。そうでないように護っているものは言語の一次元性かもしれない」と述べる。いわゆる統合失調症者がしばしばこしらえる非常に単純で因果的な「妄想」や「幻覚」は、超越的な「点」次元のものであるが、それはクレアトーラ界における人間の理性や自我が関与しての還元プロセスではなく、近似できない、あるいは近似が許されない現実を生きざるを得ない状況で、認識を超え、意識を超え、時空を超えてプレローマの世界からショートカットしてたどり着いたストーリーとはいえないだろうか。

ゆえに、「混沌」や統合の失調に苦しんでいる者への「心理的」援助に関しては、少なくとも当面は、現実に「輪郭」や「秩序」を付与する、つまり、自我が関与したうえでの因果性の次元に落ち着かせるような方向が望ましく、神経症の場合のような豊かさや混沌の導入とは逆の方向であるべきと推論される。

統合失調症者に対して、曖昧な刺激や両義的な物言いは避けることの大切さや、心理教育的手法やSSTなどの『現実』に即したアプローチなどの有効性を強調する見解があるが、それらはこのことによって裏づけられるだろう。

境界例においては、近似の次元の境界が極端に曖昧で、近似のどの次元にも神出鬼没に移行しやすいといった特徴があると思われる。あるときは、直線の次元で、あるときは混沌の次元で、あるときは点の次元で『現実』を認識し『現実』を語る。本人はそれらメタレベルの論理階層を混交してしまっているので、治療的会話がなかなか成り立たず、援助者や周囲の者は（そしておそらく本人も）相当に混乱する。

したがって、まず当面は近似の次元を言語を主体とした線型因果論のレベルに固定化して、その範囲をむやみに超えない（すなわち、「揺らがない」、「巻き込まれない」）スタンスを保つことが、援助や回復の第一歩であると考えられようか。

最後に非行についてであるが、そもそも「非行」とは心や精神の不調の類型ではなく、精神機能としてはいわゆる正常水準から精神病水準とみなされうるすべての状態像の子どもたちが為す反社会的な行動の総称である。したがって、以上に示したすべての援助原理が、対象者一人ひとりの状況に応じて適切に選択あるいは組み合わされる必要性がある。

その意味でも非行臨床は、「セラピストが最大限援助的でありうるための統合的アプローチの模索」という本書に一貫したテーマを論考するにあたって、まさに適切な素材であり、また、非行心理臨床の経験を通じてこそ、援助の方向性はいかにあるべきか、そして、その前提となる現実や現象をどうとらえるべきかなどといった心理臨床全般にとって重要な問題意識が鮮明になったといえるであろう。

9　おわりに

やや連想が過ぎたかもしれない。しかし、少なくとも、人がある態度や行動を取るときの前提として、現象をどの次元からとらえているのか、さらには、専門家が心理的援助を行う際に、当然のように前提としている「ものの見方」について自己覚知を高めることの重要性は示せたであろう。

現実界の本質は混沌であり、さまざまな見解や理論の差異は、現実の近似、還元、抽象のありようの違いによるという前提により、心理臨床家の不確実な中にも到底揺るぎそうもない二つの基本的な態度が導きだされる。

第一に、「専門家」としての自分自身の「ものの見方」を、理解や援助の基本的なよりどころとしながらも、別の「ものの見方」がさらに役立つ可能性があることを絶えず意識していること。

第二に、クライエントやその家族の持つリソース（資源）や志向性をできる限り生かそうとする姿勢、である。

言うまでもなく、それらは利他の姿勢に裏づけられた優れた心理臨床家であれば、その学派を問わず、おのずから実践していることに過ぎないが。(9)

Ⅲ　本書の限界と課題

最後に、本書の限界と課題について述べたい。

(9)　道のはるか手前にある本試論が、心理療法や心理的援助の本質および実践的有効性に関する活発な論議の奇貨となることを願う。是非とも、専門家諸氏によるご批判を仰ぎたい。

非行にまつわる心理臨床に関しては、当然、被害者側からの視点も十分に考慮されなくてはならない。被害者側の視点がより尊重された研究や臨床実践の重要性は、いくら強調しても強調できないほどであり、したがって、被害者援助よりも加害者援助に力点が置かれるべきなどといった考えは筆者には一切ない。

しかし、非行を犯してしまう子どもたちの理解や援助と、被害者の理解や援助を同一人が同一次元で扱ってゆくことは極めて困難なことである。現段階の筆者にとって、非行臨床実践に被害者の視点をいかに取り入れて行くかは、安易に語ることすら憚られる非常に重い課題である。(10)

また、結局のところ、本書を通じて「悪とは何か」、「生きるとは何か」、「幸不幸とは何か」、「自己実現とは何か」、「援助とは何か」、そして、「心理臨床とはいかなる営みか」についての明確な回答が得られたとは言いがたい。さまざまな臨床素材を通して、これらの問いを心理臨床実践上に定位することを目的としてきたにもかかわらず、むしろ逆に、それら根源的なテーマがさらに鮮明に浮き彫りになった感さえある。

ここに、心理臨床家として、そして人間として遥か道半ばの筆者の能力に余るものであったことを認める。

「心理臨床の営みとは、それらの根源的な問いを抑圧することなく、さまざまな迷いや葛藤を抱えながら、自分の立ち位置と方向、そしてその相対性と限界を厳しく自覚し、そのうえで、少なくともその時点その時点において、相手にとって最大限に援助的であるとはどういうことなのか、ということについて絶えず想いをめぐらせ、相手と出会い、相手とかかわろうとする仕事である」として論を閉じたいと思う。

(10) 第1章で筆者は、「『回復不能の悪』言い換えれば『絶対に許せない悪』（中村 一九九四）が何たるか、ということについてはさらに突き詰めた議論が必要であろう。そしておそらく、心理臨床家が『絶対に許せない』と感じる『悪』に対しては、心理臨床的援助は限界があるであろう。これらは重要な論点であると思われるが、本研究においては論及されない」と述べたが、これも同様の理由による。

文献

第1章

Cube, F. v. 1998 Moral und Moralerziehung. Verhaltensbiologische Grundlagen. In Neuman, D., Schöppe, A. und Treml, A. K. (Hrsg.) *Die Natur der Mora – Evolutionare Ethik und Erziehung.* Stuttgart, Leipzig : Hirzel. S. 117–125.

土居健郎　一九九二　信仰と甘え　春秋社

ドストエフスキー　一八八〇　カラマーゾフの兄弟　原卓也訳　一九七八　新潮文庫

Fromm, E. 1977 *Anatomie der menschlichen Destruktivitat.* Reinbek : Rowohlt.

藤岡淳子　二〇〇一　非行少年の加害と被害——非行心理臨床の現場から　誠信書房

橋本和明　二〇〇四　虐待と非行臨床　創元社

家庭裁判所調査官研修所　二〇〇三　児童虐待が問題となる家庭事件の実証的研究——深刻化のメカニズムを探る　司法協会

皆藤章　一九九八　生きる心理療法と教育——臨床教育学の視座から　誠信書房

皆藤章　二〇〇四　風景構成法のときと語り　誠信書房

神谷美恵子　一九八〇　生きがいについて　みすず書房

神田橋條治　一九九〇　精神療法面接のコツ　岩崎学術出版社

河合隼雄　一九八三　大人になることのむずかしさ　岩波書店

河合隼雄　一九九七　子どもと悪　岩波書店

Kohlberg, L. 1976 Moral stages and moralization : The cognitive developmental approach. In Lickona, T. (Ed.) *Moral Development and Behavior.* New York : Holt, pp. 3–28.

毛利子来ほか　一九八四　障害児を持つ子のいる暮らし　筑摩書房

村瀬嘉代子　一九八二　臨床家のみる人間像　調査官研修所紀要　四二号　四七-六六頁
中村雄二郎　一九八三　魔女ランダ考——演劇的知とはなにか　岩波書店
中村雄二郎　一九九四　悪の哲学ノート　岩波書店
Nietzsche, F. 1923 *Also sprach Zarathustra. Ein Buch für alle und keinen.* Leipzig: Kröner.
大江健三郎　一九八三　新しい人よ眼ざめよ　講談社
Piper, A. 1997 *Gut und Böse.* München: Beck.
Ridley, M. 1997 *The Origins of Virture.* Harmondsworth: Penguin Books.
Schopenhauer, A. 1980 *Sämtliche Werke* (herausgegeben von Löhenysen, W. F. v.) Band 3. Darmstadt: Wissenschaftliche Buchgesellschaft.
氏原寛　一九九五　カウンセリングはなぜ効くのか——心理臨床の専門性と独自性　創元社
Wuketits, F. M. 1999 *Warum uns das Böse Fasziniert: Die Nature des Bösen und die Illusion der Moral.* Stuttgart: S. Hirzel Verlag. 入江重吉・寺井俊正訳　二〇〇二　人はなぜ悪にひかれるのか——悪の本性とモラルの幻想　新思索社

第2章

Aichhorn, A. 1941 *Verwahrloste Jugend.* Wien: Int. Psychoanal. Verlag. 三澤泰太郎訳　一九八一　手におえない子　誠信書房
Agnew, R. 1992 Foundation for a general strain theory of crime and delinquency. *Criminology*, **30**, 47-87.
Akers, R. 1985 *Devient Behavior: A Social Learning Approach.* Wadsworth.
Allen, F. H. 1942 *Psychotherapy with Children.* Norton. 黒丸正四郎訳　一九五五　問題児の心理療法　みすず書房
Andrews, D., & Bonta, J. 1994 *The Psychology of Criminal Conduct.* Anderson.
Andrews, D., Zinger, I., Hoge, D., Bonta, J., Gendrew, P., & Cullen, F. T. 1990 Does correctional treatment work?: A clinically relevant and psychologically informed meta-analysis. *Criminology*, **28**, 369-404.
青島多津子　二〇〇六　医療少年院の経験から——彼らを受け入れることは可能か　思春期青年期精神医学　一六巻一号

三六-四四頁
Beccaria, C. B.　1764　*An Essay on Crimes and Punishments*. Branden Books.
Cohen, A. K.　1955　*Delinquent Boys : The Culture of the Gang*. Free Press.
土肥由美子　二〇〇七　非行　三木善彦・前栄城輝明・竹元隆洋編　内観療法　ミネルヴァ書房
Ellenberger, H.　1965　犯罪学の過去と現在　中井久夫編訳　二〇〇〇　エランベルジェ著作集3　犯罪医学／犯罪学／被害者学　西欧と非西欧　所収　みすず書房
Eysenck, H. J.　1964　*Crime and Personality*. Houghton.　ＭＰＩ研究会訳　一九六六　犯罪とパーソナリティー　誠信書房
Freud, S.　1923　*Das Ich und das Es*.　小此木啓吾訳　一九七〇　自我とエス　フロイト著作集6　所収　人文書院
Friedlander, K.　1947　*Psychoanalytic Approach to Juvenile Delinquency*. London : Routledge.　懸田克躬訳　一九五三　少年不良化の精神分析　みすず書房
渕上康幸　二〇〇七　非行少年の失敗傾向と破壊性行動障害（ＤＢＤ）マーチとの関連についての検討　犯罪心理学研究　四五巻二号　四七-六〇頁
藤川洋子　二〇〇五　特異な非行とアスペルガー障害――司法機関における処遇例　臨床精神医学　三四巻九号　一三三五-一三四二頁
藤川洋子　二〇〇八　発達障害を抱える非行少年の精神療法――反省なき更生を考える　精神療法　三四巻三号　二七五-二八一頁
藤岡淳子　二〇〇七　犯罪・非行の心理臨床の基礎　藤岡淳子編　犯罪・非行の心理学　所収　有斐閣ブックス
藤田博康　二〇〇六　家族カウンセリングのエビデンス　亀口憲治編　現代のエスプリ別冊　臨床心理行為研究セミナー　至文堂　一一一-一二二頁
藤田博康　二〇〇九　非行研究の現在――その特質と歴史的変遷を踏まえて　児童心理学の進歩　金子書房　二一三-二三七頁
福島章　一九七七　少年非行の生物学　犯罪心理学研究Ｉ　金剛出版
福島章　二〇〇〇　こどもの脳が危ない　ＰＨＰ研究所
Glasser, W.　1965　*Reality Therapy : A New Approach to Psychiatry*. Harper & Row.
Glueck, S., & Glueck, E.　1950　*Unraveling Juvenile Delinquency*. Cambrige : Harvard University Press.　中央青少年問題

協議会訳　一九六一　少年非行の解明　法務大臣官房司法法制調査部
Gottfredson, M. R., & Hirschi, T.　1990　*A General Theory of Crime*. Stanford University Press.
羽間京子　二〇〇五　少年院戻し収容となった一事例について　犯罪心理学研究　四三巻一号　三七-四九頁
Healy, W., & Bronner, A. F.　1936　*New Light on Delinquency and Its Treatment : Results of a Research Conducted for the Institute of Human Relations, Yale University*. Greenwood Press.　樋口幸吉訳　一九五六　少年非行　みすず書房
Henggeler, S. W., Shoenwald, S. K., & Borduin, C. M.　1998　*Multisystemic Treatment of Antisocial Behavior in Children and Adolescents*. Guilford Press. 吉川和男監訳　二〇〇八　児童・青年の反社会的行動に対するマルチシステミックセラピー（MST）　星和書店
平尾靖　一九七九　非行心理の探求　大成出版社
Hirschi, T.　1969　*Causes of Delinquency*. University of California Press.　森田洋司・清水新二監訳　一九九五　非行の原因――家庭・学校・社会のつながりを求めて　文化書房博文社
法務総合研究所　二〇〇六　法務総合研究所調査の結果――性犯罪の実態と再犯に関する分析　法務省性犯罪処遇プログラム研究会報告書　五九-八五頁
井上公大　一九八〇　非行臨床――実践のための基礎理論　創元社
石川義博　二〇〇七　少年非行の矯正と治療　金剛出版
石川義博　二〇〇八　犯罪・非行研究の歴史的展望――原因論と精神療法　精神療法　三四巻二号　一三三-一四一頁
角谷慶子　二〇〇八　少年犯罪・非行の精神療法――SSTによるアプローチ　精神療法　三四巻三号　二九〇-二九七頁
Klein, M.　1934　On Criminality. In *Love, Guilt and Reparation and Other Works.*　西園昌久・牛島定信編訳　一九八三　犯罪行為について　メラニー・クライン著作集三　愛、罪そして償い　所収　誠信書房
近藤日出夫・大橋秀夫・渕上康幸　二〇〇四　行為障害の亜型に関する研究　矯正医学　五三巻一号　一二-二〇頁
河野荘子　二〇〇三　非行の語りと心理療法　ナカニシヤ出版
工藤行夫・宮崎清　二〇〇五　執拗に放火を繰り返したアスペルガー症候群の精神鑑定例　臨床精神医学　三四巻九号　一三五一-一三五七頁
Lempp, R.　1958　Die Bedeutung der Reifungsstorung und der fruhkindlichen Hirnschadigung für die Straffalligkeit

Jugendlicher und ihre Prognose. *Z. Menschl. Vererb. — und Konstitutionslehre*, **34**, 461.
Liddle, H., Dakof, G., Parker, K., Diamond, G., Barrett, K., & Tejada, M. 2001 Multidimensional Family Therapy for adolescent substance abuse : Results of a randomized clinical trial. *American Journal of Drug and Alcohol Abuse*, **27**, 651-687.
Lipsey, M. W. 1992 Juvenile delinquency treatment : A meta-analytic inquiry into the variability of effects. In Cook, T. D., et al. (Eds.) *Meta-analysis for Explanation a Case Book*. Russel Sage.
Lombroso, C. 1876 *L'uomo delinquente*. Torin.
松田文雄　二〇〇六　行為障害の精神療法の可能性――精神科病院での経験から　思春期青年期精神医学　一六巻一号　四五-四九頁
Merton, R. K. 1938 Social structure and anomie. *American Sociological Review*, **3**, 672-682.
Minuchin, S., Montalvo, B., Guerney, B. G., Rosman, B. L., & Florence, S. 1967 *Families of the Slums*. New York : Basic Books.
水島恵一　一九七一　非行臨床心理学　新書館
村瀬嘉代子　二〇〇四　さまざまなものの統合としての心理療法　村瀬嘉代子・青木省三編　すべてをこころの糧に――心理援助者のあり方とクライエントの現実生活　所収　金剛出版
長島美稚子　二〇〇八　少年犯罪・非行の精神療法――内観によるアプローチ　精神療法　三四巻三号　二九八-三〇五頁
小倉清　二〇〇八　思春期非行少年の精神療法　精神療法　三四巻三号　一四二-一四九頁
小栗正幸　二〇〇七　非行を理解・援助する視点としての発達障害　臨床心理学　七巻三号　三三四-三三八頁
奥村雄介　二〇〇七　行為障害・非行　特集=児童思春期精神医学の最近の進歩　臨床精神医学　三六巻五号　六一一-六一六頁
Redl, F., & Wineman, D. 1957 *The Aggressive Child*. New York : Free Press.
Rogers, C. R. 1939 *The Clinical Treatment of the Problem Child*. Houghton Mifflin.　堀淑昭編　小野修訳　一九六六　問題児の治療　岩崎学術出版社
Rogers, C. R. 1942 *Counseling and Psychotherapy*. Houghton Mifflin.　佐治守夫編　友田不二男訳　カウンセリング　岩崎

学術出版社
齊藤万比古　二〇〇〇　注意欠陥／多動性障害（AD／HD）とその併存障害――人格発達上のリスク・ファクターとしてのAD／HD　小児の精神と神経　四〇巻四号　二四三-二五四頁
齊藤万比古　二〇〇八　行為障害概念の歴史的展望と精神療法　精神療法　三四巻三号　二六五-二七四頁
齊藤万比古・原田謙　一九九九　反抗挑戦性障害　精神科治療学　一四巻　一五三-一五九頁
Sampson, R. J., & Groves, W. B.　1989　Community structure and crime : Testing social disorganization theory. *American Journal of Sociology*, **94**, 774-802.
Sampson, R. J., & Laub, J. H.　1994　Urban poverty and family context of delinquents. *Child Development*, **65**, 523-540.
佐藤克　二〇〇六　非行少年の対象関係をめぐる一考察――補導委託を行った事例から　心理臨床学研究　二四巻一号　一一-二一頁
Sexton, T., & Alexander, J.　2000　Functional family therapy. *Juvenile Justice Bulletin*, 3-7. U. S. Department of Justice. Office of Juvenile Justice and Delinquency Prevention.
品川裕香　二〇〇五　心からのごめんなさい――一人ひとりへの個性に合わせた教育を導入した少年院の挑戦　中央法規
Shaw, C. R.　1930　*The Jack-Roller : A Delinquent Boy's Own Story*. The University of Chicago Press.　玉井眞理子・池田寛訳　一九九八　ジャック・ローラー――ある非行少年自身の物語　東洋館出版社
Shaw, C. R., & Mckay, H. D. 1942　*Juvenile Delinquency and Urban Areas : A Study of Rates of Delinquents in Relation to Differential Characteristics of Local Communities in American Cities*. Chicago : University of Chicago Press.
Sutherland, E. H. 1924　*Criminology*. Lippincott.
Sutherland, E. H., & Cressey, D. R.　1960　*Principles of Criminology*. 6th Ed. Lippincott. 平野龍一・所一彦訳　一九六四　犯罪の原因　有信堂
Sykes, G., & Matza, D.　1957　Techniques of neutralization : A theory of delinquency. *American Sociological Review*, **22**, 664-670.
Taft, J.　1933　*The Dynamics of Therapy*. The Macmillan Company.
竹元隆洋　二〇〇七　内観療法の技法と理論　三木善彦・前栄城輝明・竹元隆洋編　内観療法　所収　ミネルヴァ書房

谷敏昭　二〇〇七　施設内処遇の特色に基づいた認知行動療法の理論的展開と実践について――根拠に基づく処遇技術の構築　犯罪心理学研究　四五巻二号　七五-九一頁
Tannenbaum, F.　1938　*Crime and the Community*. Columbia University Press.
十一元三　二〇〇四　広汎性発達障害を持つ少年の鑑別・鑑定と司法処遇――精神科疾病概念の歴史的概観と現状の問題点を踏まえ　児童青年精神医学とその近接領域　四五巻三号　三八-四七頁
富田拓　二〇〇六　行為障害の精神療法の可能性――児童自立支援施設での経験から　思春期青年期精神医学　一六巻一号　二六-三五頁
鳥塚通弘・森川将行・林竜也・大田豊作・中川恵樹・長内清行　二〇〇五　司法事例化したアスペルガー症候群が疑われる一症例　臨床精神医学　三四巻九号　一二七一-一二七八頁
津富宏　一九九六　犯罪者処遇は有効である――実証研究の解明した事実に基づいた見解　犯罪と非行　一一〇号　九八-一二七頁
吉川和男・富田拓郎・大宮宗一郎　二〇〇八　少年犯罪・非行の精神療法――マルチシステミック・セラピー（ＭＳＴ）によるアプローチ　精神療法　三四巻三号　三〇六-三一三頁
吉永千恵子　二〇〇八　少年鑑別所の精神科臨床とＡＤＨＤ　臨床精神医学　三七巻二号　一九一-一九六頁
Watson, J. B.　1930　*Behaviorism*. New York : Norton.　安田一郎訳　一九六八　行動主義の心理学　河出書房
Winnicott, D. W.　1956　The antisocial tendency. In *D. W. Winnicott Collected Papers : Through Pediatrics to Psycho-Analysis*. London : Tavistock.
Wachtel, P. L.　1997　*Psychoanalysis, Behavior Therapy, and the Relational World*. American Psychological Association.　杉原保史訳　二〇〇二　心理療法の統合を求めて　金剛出版
山上敏子　二〇〇七　方法としての行動療法　金剛出版

第3章

Bowen, M.　1978　*Family Therapy in Clinical Practice*. New York : Jason Aronson.

Buber, M.　1958　*Ich und Du*. Insel Verlag. 田口義弘訳　一九七八　我と汝　みすず書房
Davis, M., & Wallbridge, D.　1981　*Boundary and Space : An Introduction to the Work of D. W. Winnicott*. New York : Brunner/Mazel.
土居健郎　一九九二　信仰と甘え　春秋社
遠藤裕乃　一九九七　心理療法における治療者の陰性感情の克服と活用に関する研究　心理臨床学研究　一五巻四号　四二八-四三六頁
Fordham, M.　1957　Notes on the transference. In Fordham, M., et al. (Eds.) *Technique in Jungian Analysis*. London : Heinemann.　氏原寛・李敏子訳　一九九二　転移についての覚え書　ユング派の分析技法　所収　培風館
藤田裕司　一九九二　非行の心理療法　氏原寛ほか共編　心理臨床大事典　所収　培風館
藤田博康　二〇〇四　心理臨床の原動力とそれを統制するもの　帝塚山学院大学心理教育相談センター紀要　創刊号　三二-四五頁
Guggenbühl-Craig　1971　*Power in the Helping Professions*. Zürich : Spring Publications.　樋口和彦・安渓真一訳　一九八一　心理療法の光と影――援助専門家の力　創元社
Heimann, P.　1950　On counter-transference. *International Journal of Psycho-Analysis*, **31**, 8-84.
Jung, C. G.　1946　*The Psychology of the Transference*.　林道義・磯上恵子訳　一九九四　転移の心理学　みすず書房
Jung, C. G.　1951　*Fundamental Questions of Psychotherapy*. *CW 16*. Princeton : Princeton University Press.
Jung, C. G.　1958　Forward to the Swiss Edition. *CW 16*. Princeton : Princeton University Press.
皆藤章　一九九八　生きる心理療法と教育――臨床教育学の視座から　誠信書房
神田橋條治　一九八〇　転移と逆転移について　発想の航跡　所収　岩崎学術出版社
神田橋條治　一九九〇　精神療法面接のコツ　岩崎学術出版社
河合隼雄　一九九二　心理療法序説　岩波書店
河合隼雄　一九九七　子どもと悪　岩波書店
Kernberg, O. F.　1965　Notes on counter-transference. *Journal of the American Psychoanalytic Association*, **13**, 38-57.
河野荘子　二〇〇三　非行の語りと心理療法　ナカニシヤ出版

Martin, P. 1987 *Healing Wounded Emotions.* 大西康雄訳 一九九六 傷ついた感情へのいやし ヨルダン社
Masterson, J. F. 1972 *Treatment of the Borderline Adolescent : Developmental Approach.* New York : Wiley.
Money-Kyrle, R. 1956 Normal counter-transference and some of its deviations. *International Journal of Psycho-Analysis*, **37**, 360–366.
松木邦裕 一九九七 すべてが転移／逆転移ではないとしても 氏原寛・成田善弘編 転移／逆転移 所収 人文書院
中村伸一 一九九五 摂食障害で来談した境界例 家族療法の視点 所収 金剛出版
小此木啓吾 一九九〇 治療構造論序説 岩崎徹也ほか編 治療構造論 所収 岩崎学術出版社
Racker, H. 1968 *Transference and Counter-transference.* New York : International Universities Press. 坂口信貴訳 一九八二 転移と逆転移 岩崎学術出版社
Searls, H. F. 1959 The effort to drive the other person crazy. *British Journal of Medical Psychology*, **32**, 1–18.
Sedgwick, D. 1994 *The Wounded Healer : Counter-transference from a Jungian Perspective.* New York : Routledge. 鈴木龍監訳 一九九八 ユング派と逆転移――癒し手の傷つきを通して 培風館
鈴木龍 一九九七 治療者が傷つくことと生き残ること 氏原寛・成田善弘編 転移／逆転移 所収 人文書院
氏原寛 一九九五 カウンセリングはなぜ効くのか――心理臨床の専門性と独自性 創元社
氏原寛 一九九七 転移／逆転移に関する覚え書 氏原寛・成田善弘編 転移／逆転移 所収 人文書院
渡辺雄三 一九九九 仕事としての心理療法 渡辺雄三編 仕事としての心理療法 所収 人文書院
Winnicott, D. W. 1965 *The Maturational Processes and the Facilitating Environment : Studies in the Theory of Emotional Development.* London : Hogarth Press. 牛島定信訳 一九七七 情緒発達の精神分析理論 岩崎学術出版社

第4章

安香宏 一九八一 「現代型非行」の諸問題 家裁月報 三三巻八号 一–四〇頁
de Shazer, S. 1988 *Clues : Investigating Solutions in Brief Therapy.* New York : Norton.
Epston, D., & White, M. 1990 *Narrative Means to Therapeutic Ends.* Norton. 小森康永訳 一九九二 物語としての家族

金剛出版
藤掛明　一九九四　非行少年と家族へのカウンセリング　月刊少年育成　四六三号　二四-三一頁
藤森晋一　一九九〇　クライエント中心療法に基づく援助　岡堂哲雄編　講座心理臨床の実際　三巻　非行の心理臨床　所収　福村出版
藤田博康　二〇〇二　非行臨床における実践的アプローチモデル――非行少年の「悩み方」の観点から　心理臨床学研究　二〇巻一号　七六-八八頁
Glasser, W.　1965　*Reality Therapy : A New Approach to Psychiatry*. Harper & Row.　真行寺巧訳　一九七五　現実療法　サイマル出版会
速水洋　一九七八　非行少年における「甘え」と「意地」　調研紀要　三四号　一-三一頁
羽間京子　一九九八　クライエント中心療法　生島浩・村松励編　非行臨床の実践　所収　金剛出版
Healy, W., & Bronner, A. F.　1936　*New Light of Delinquency and Its Treatment*. Yale University Press.　樋口幸吉訳　一九五六　少年非行　みすず書房
石川義博　一九八五　非行の病理と臨床　金剛出版
皆藤章　一九九八　生きる心理療法と教育――臨床教育学の視座から　誠信書房
黒川昭登　一九七八　非行をどのようにして治すか　誠信書房
黒川昭登　一九九〇　ケースワークの治療構造　岩崎徹也ほか編　治療構造論　所収　岩崎学術出版社
Rogers, C. R.　1951　*Client Centered Therapy*. Houghton Mifflin.　友田不二男訳　一九六六　サイコセラピイ　岩崎学術出版社
齋藤和子ほか　一九九九　最近の非行少年　平成九年度　最高裁判所家庭局指定研究
Seligman, M. E. P.　1991　*Learned Optimism*. Alfred A. Knopf.　山村宜子訳　一九九一　オプティミストはなぜ成功するか　講談社
下山晴彦　一九九七　臨床心理学研究の理論と実際――スチューデント・アパシー研究を例として　東京大学出版会
生島浩　一九九九　悩みを抱えられない少年たち　日本評論社
遠山敏　一九九〇　矯正カウンセリング　遠山敏編著　矯正・保護カウンセリング　所収　日本文化科学社

Weakland, J. H., Fisch, R., Watzlawick, P., & Bodin, A. 1974 Brief therapy : Focused problem resolution. *Family Process*, **13**, 141-168.
屋久孝夫　一九六六　調査官面接の基礎的理論と方法論――少年事件における診断と治療のかかわりをめぐって　調研紀要　一〇号　七〇-七九頁
山中康裕　一九九三　子どもは何を悩んでいるのか――その実態と心理　児童心理　四七巻一号　一-八頁

第5章

Bateson, G.　1971　*Steps to an Ecology of Mind*. New York : Ballantine Books.　佐伯泰樹訳　一九八六　精神の生態学　思索社
Bertalanffy, L. v.　1968　*General Systems Theory : Foundations, Development, Application*. New York : Braziller. 長野敬・太田邦昌訳　一九七三　一般システム理論　みすず書房
Boszormenyi-Nagy, I., & Spark, G.　1973　*Invisible Loyalties : Reciprocity in Intergenerational Family Therapy*. New York : Harper and Row.
Boszormenyi-Nagy, I., & Krasner, B. R.　1986　*Between Give and Take : A Clinical Guide to Contextual Therapy*. New York : Brunner/Mazel.
Boszormenyi-Nagy, I., Grunebaum, J., & Ulrich, D.　1991　Contextual Therapy. In Gurman, A., & Kniskern, D. P. (Eds.) *Handbook of Family Therapy*. New York : Brunner/Mazel.
Bowen, M.　1978　*Family Therapy in Clinical Practice*. New York : Jason Aronson.
Buber, M.　1958　*Ich und Du*. Insel Verlag.　田口義弘訳　一九七八　我と汝　みすず書房
団士郎・柴田長生・川崎二三彦・早樫一男・川畑隆　一九九三　非行と家族療法　ミネルヴァ書房
Ducommun-Nagy, C.　1998　Contexual Therapy. In David, M., & Frances, P. (Eds.) *Case Book in Family Therapy*. New York : An International Thomson Publishing Company.
Fairbairn, W. R. D.　1954　*An Object Relations : Theory of the Personality*. New York : Basic Books.

Fisch, R., Weakland, J., & Segal, S. 1982 *The Tactics of Change: Doing Therapy Briefly*. San Francisco: Jossey-Bass.

Freud, S. 1917 *Vorlesungen zur Einfuhrung in die Psychoanalyse*. 懸田克躬・高橋義孝訳 一九七一 精神分析入門 フロイト著作集1 人文書院

藤田博康 二〇〇二 文脈療法による非行理解と援助 家族心理学研究 一六巻 一三-二七頁

藤田博康 二〇〇六 家族カウンセリングのエビデンス 亀口憲治編 現代のエスプリ別冊 臨床心理行為研究セミナー 至文堂 一一一-一二一頁

Goldenthal, P. 1996 *Doing Contextual Therapy*. New York: Norton.

Haley, J. 1980 *Leaving Home: The Therapy of Disturbed Young People*. New York: McGraw-Hill Book.

平木典子 一九九七 文脈療法の理念と技法——ナージ理論の神髄を探る 家族心理学年報 一五巻 一八〇-二〇一頁

平木典子 一九九八 家族との心理臨床 垣内出版

平木典子 二〇〇三 統合的心理療法——関係療法中心の統合の試み カウンセリング・スキルを学ぶ——個人心理療法と家族療法の統合 所収 金剛出版

廣井亮一 一九八九 家族システム論による少年事件の調査と処遇 調研紀要 五六号 七一-一〇七頁

亀口憲治 二〇〇〇 家族臨床心理学 東京大学出版会

神田橋條治 一九八八 葛藤についてのエッセイ——精神療法のために 発想の航跡 所収 岩崎学術出版社

Minuchin, S. 1974 *Families and Family Therapy*. Cambridge, Massachusetts: Harvard University Press. 山根常男監訳 一九八三 家族と家族療法 誠信書房

水島恵一 一九九九 非行の心理・社会学的理論と治療 犯罪と非行 一一九号 四-四二頁

中釜洋子 一九九七 コンテクスチュアル(文脈派)アプローチの理解と臨床例への適用 家族心理学研究 一一巻一号 一三-二六頁

中釜洋子 二〇〇八 家族のための心理援助 金剛出版

Rogers, C. R. 1939 *The Clinical Treatment of the Problem Child*. Houghton Mifflin. 堀淑昭編 小野修訳 一九六六 問題児の治療 岩崎学術出版社

生島浩 一九九三 非行少年への対応と援助——非行臨床実践ガイド 金剛出版

Wachtel, E. 1994 *Treating Troubled Children and Their Families.* Guilford Press. 岩壁茂・佐々木千恵訳 二〇〇七 子どもと家族を援助する――統合的心理療法のアプローチ 星和書店

我妻洋 一九八一 アメリカにおける非行理論の展開 家裁月報 三三巻一二号 一-五五頁

第6章

Freud, S. 1917 *Vorlesungen zur Einfuhrung in die Psychoanalyse.* 懸田克躬・高橋義孝訳 一九七一 精神分析入門 フロイト著作集1 人文書院

藤田博康 二〇〇六 家族カウンセリングのエビデンス 亀口憲治編 現代のエスプリ別冊 臨床心理行為研究セミナー 至文堂 一一一-一二二頁

藤田博康 二〇〇六 家族臨床――多様なものの見方 氏原寛ほか編 現代社会と臨床心理学 金剛出版

藤田博康 二〇〇八 心理臨床実践の前提としての現実のとらえ方についての一考察 帝塚山学院大学人間文化学部研究年報 一〇巻 五六-六五頁

藤田博康 二〇〇九 スクールカウンセリングにおいて個人療法と家族療法をつなぐもの 心理臨床学研究 二七巻四号 三八五-三九六頁

Jung, C. G. 1961 *Memories, Dreams, Reflections.* Jaffe, A. (Ed.) 1961 New York : Vintage Books. (Septem sermons ad Mortuos originally published 1916)

河合隼雄 一九九七 子どもと悪 岩波書店

川嵜克哲 二〇〇一 心理療法において因果律が揺らぐことの意義とその諸形態について 河合隼雄編 講座心理療法 七巻 心理療法と因果的思考 所収 岩波書店

Keeney, B. P. 1983 *Aesthetics of Change.* New York : Guilford Press.

中釜洋子 二〇〇二 いま家族援助が求められるとき 垣内出版

中井久夫 一九九七 詩を訳すまで アリアドネからの糸 所収 みすず書房

中村雄二郎 一九八八 幾何学と混沌――形象の彼方／根底にあるもの （中村雄二郎著作集 第二期Ⅰ） かたちのオディッセ

イ　所収　岩波書店
中村雄二郎　一九九四　悪の哲学ノート　岩波書店
大山泰宏　二〇〇一　因果性の虚構とこころの現実　河合隼雄編　講座心理療法　七巻　心理療法と因果的思考　所収　岩波書店

あとがき

本書は京都大学大学院教育学研究科に提出した博士論文がもとになっています。多くの方々との出会いに、こころから感謝いたします。

まず第一に、日々の臨床実践や後進の指導など多忙を極めていらっしゃるにもかかわらず、労を厭わず博士論文のご指導を引き受けてくださった皆藤章先生にお礼申し上げます。かつて、私が学生だった時分に、ひそかに感じ入っていたその誠実で真摯な心理臨床家としてのお人柄に再び触れることができたうえに、この度は身に余るご指導までいただき、本当にありがたい思いで一杯です。

そんな皆藤先生との縁を取り持ってくださったのが氏原寛先生です。帝塚山学院大学にてご一緒させていただいて以来、先生は私のような者に対しても親身に目をかけてくださり、今回の博士論文執筆についても暖かい励ましとご尽力をいただきました。個人的な利益や労力を顧みることなく「日本の心理臨床の発展のため」と、私のような取り立てて実績もない後進をさえも大切に育ててくださろうとするお二人の先生方に深く感謝申し上げるとともに、私もそんな姿勢を少しでも受け継いで、心理臨床援助の領域でたとえわずかでも、たとえどんな形でも役に立てるような人でありたいと願っています。

また、本書の一部は、筑波大学大学院修士課程教育研究科に提出した修士論文がもとになってもいます。その際、論文の構成から内容まで懇切丁寧にご指導いただいたうえに、ともすればくじけそうになりがちな社会人として働きながらの研究を、励まし支援していただいた筑波大学の石隈利紀先生にも、改めてお礼を述べさせていただきます。

私が現在勤めています帝塚山学院大学大学院の大塚義孝人間科学研究科長はじめ同僚の先生方からのご配慮やご鞭撻、そしてなによりも多種多様な学派からの刺激ある交流がなかったとしたら、本書のような統合的立場からの実践研究は成り立ちませんでした。また、学生たちの心理臨床に対する真摯な姿勢や熱意にも大変刺激を受け、感じ入ることがたくさんありました。とりわけ、大学院修了後、決してめぐまれているとはいえない自らの待遇にもかかわらず、一生懸命に他者のために心理援助の仕事をしている修了生の姿に、幾度となく励まされました。

本書の内容の多くは、かつて家庭裁判所調査官として働いていた経験をもとにしています。心理臨床家として一向に定まらぬ自分自身をもてあまし、いろいろお世話になった方々に十分にお礼を申し上げることもできずに私は職場を離れてしまいました。ここに一人ひとりお名前をあげることはできませんが、この場を借りて、上司、先輩、同僚の皆さんに改めてお礼申し上げたく存じます。

人生半ばにして道に迷ってしまったそんな私を暖かく見守ってくださり、再び心理臨床の現場に導いてくださった平木典子先生や、ＩＰＩ統合的心理療法研究所のセラピストの皆さんにも、本当に感謝しています。平木先生はじめ皆さんのおかげで、私は今、この仕事の苦しさだけでなく、楽しさをも少しずつ味わえるようになってきています。

誠信書房編集部の児島雅弘さんからは、本書執筆のお誘いをいただいて以来、ひとえに私の不精と能力不足ゆえ十年近くも時を隔ててしまいました。にもかかわらず、この不況の折にも出版を二つ返事で了承していただき、大変ご面倒な校正作業等を迅速に引き受けてくださいました。児島さんのお誘いと多大なご尽力がなかったら、本書は到底成り立ちませんでした。

今こうして、それぞれの方々との出会いを、そして、それぞれの方々から私が受けた恩のほうがはるかにまさることを想うと、本当に胸が熱くなります。

最後になりましたが、なりよりも臨床の場で出会った方々が、今、少しでも幸せでありますよう、少しでもこの世に生まれてよかったと思えますよう、こころから祈っています。

平成二十二年　春

藤田博康

人名索引

タ　行

ナ　行

ハ　行

マ　行

ヤ　行

ラ　行

ワ　行

事項索引

サ　行

タ　行

ナ　行

ハ　行

マ　行

ヤ　行

ラ　行

ワ　行

著者略歴

藤田博康（ふじた・ひろやす）

1965年，東京都生まれ。京都大学教育学部教育心理学科卒業。カウンセリング修士（筑波大学）。教育学博士（京都大学）。家庭裁判所調査官，裁判所在外研究員（米国カリフォルニア州），米国家族療法研究所 Mental Research Institute 研修員，スクールカウンセラー，統合的心理療法研究所臨床心理士等を経て，現在，帝塚山学院大学大学院人間科学研究科教授。臨床心理士，家族心理士。

共著書

『家族心理学年報23：家族間暴力のカウンセリング』金子書房，2005

『臨床心理行為研究セミナー』現代のエスプリ別冊，2006

『現代社会と臨床心理学』金剛出版，2006

『家族心理学年報27：家族のストレス』金子書房，2009

『児童心理学の進歩2009』金子書房，2009　ほか

非行《ひこう》・子《こ》ども・家族《かぞく》との心理臨床《しんりりんしょう》

――援助的な臨床実践を目指して

2010年4月15日　第1刷発行
2011年3月30日　第2刷発行

著　者　藤　田　博　康
発行者　柴　田　敏　樹
印刷者　日　岐　浩　和

発行所　株式会社　誠　信　書　房

〒112-0012　東京都文京区大塚3-20-6
電話 03(3946)5666
http://www.seishinshobo.co.jp/

中央印刷　イマキ製本所

ISBN 978-4-414-40058-8　C3011

非行少年の加害と被害　非行心理臨床の現場から

ISBN978-4-414-40353-4

藤岡淳子著

少年鑑別所で心理技官として非行少年に接してきた著者が20年間の臨床経験から，非行少年に社会がどう働きかけるべきかを示した書。一口に非行少年と言ってもいろいろなタイプがあり，それぞれの非行の原因によって，その対策を講じなければならない。そのための具体策を提案する。また，時代によって変わる非行の具体的な内容の変化から家族や社会のあり方が見えてくる。

目　次

四六判上製　定価(本体2400円+税)

学校安全と子どもの心の危機管理

教師，保護者，スクールカウンセラー，養護教諭，指導主事のために

ISBN978-4-414-40050-2

藤森和美編著

子どもたちの日常は以前と比べものにならないくらい多くの危険に満ちている。事故や災害に出会った子どもたちへの緊急支援が必要とされる心と体の問題を取り上げる。優先順位を付けて，何をどうすべきかを専門家がテーマ別に助言する。緊急事態に際して子どもの心の傷を広げないためにすべきことを一目で分かるように工夫して書かれている。

目　次

B5判並製　定価(本体2300円+税)